Zuzenbideko hastapenak

Zuzenbide zibilean aritzeko

Mikel M. Karrera Egialde

© Mikel Mari Karrera Egialde, 2018
ISBN-13: 978-1727043075
ISBN-10: 1727043073
Departamento de Derecho Civil de la UPV/EHU
Lardizabal 2
20018 Donostia-San Sebastián.
mikelmari.karrera@ehu.eus

Mikel Mari KARRERA EGIALDE

AURKIBIDEA

HASI 5
I. HELBURUAK JARTZEN 5
1. Teoria eta praktika zuzenbidean 5
2. Legelariaren funtzioa 11
3. Legelarien trebetasuna 14
4. Legelari zibilaren zeregin nagusiak 16
II. PAUSOAK ERABAKITZEN 19
1. Pauso logikoak 19
2. Pauso praktikoak 22
III. INFORMAZIOA BILATZEN 27
1. Legeria 27
2. Doktrina legala: jurisprudentzia 31
3. Doktrina zientifikoa: bibliografia 33
4. Zentru dokumentalak: artxiboak 34
5. Errealitate sozio-juridikoa 35
IV. IRAKURTZEN 37
V. AZTERTZEN 41
1. Frogatzea eta argudiatzea 41
2. Harremanak zuzenbidean 43
3. Zuzenbide zibileko kasuak konpontzeko teknika 44
4. Zuzenbide zibileko lanak egiteko ildoak 47
VI. ESKEMAK EGITEN 49
1. Egitate bakoitza eta eragin juridikoa bere garaian zehaztea 49
2. Subjektuen arteko erlazioak argitzea 50
VII. APLIKATZEN 55
1. Azterketa juridikoa egiten 55
2. Argudiatzen 57

VIII. IDAZTEN 59
  1. Elementuak 59
  2. Gomendioak 61
IX. HITZ EGITEN 63
  1. Hitzaren indarra 63
  2. Diskurtsoa 65
  3. Mahai-ingurua edo hizketaldia 67
  4. Bilerak 68
  5. Agertokia 69

E R E D U A K 71
  I. ZUZENBIDE ZIBILEKO ESKEMA OROKORRAK 71
  II. EPAIA EMAN EDO KOMENTATZEKO EREDU BAT 80
  III. KASUEN ANALISIAK: ADIBIDEAK 83
  IV. EBALUATZEN 127
  V. LATINEKO ESAPIDEAK 129
  VI. TESTUA ZUZENTZEKO 135
  VII. GRADU AMAIERAKO LANA 137
  VIII. IRAKURKETA AHOLKATUAK 151

HASI

I. HELBURUAK JARTZEN

1. Teoria eta praktika zuzenbidean

Zuzenbidea eta gizartea (gizarte-zientzia)

> «Arrazoimenaren eraginez, gizakiak bere kideekin elkartu eta, familia-elkartean ez ezik, gizarte zibilean eta gizateria osoan ere partaide izan nahi du» (MARCO TULIO CICERON).
> *Ubi societas, ibi ius*: Gizartea non, zuzenbidea han.

Zuzenbidea, gizartean bizitzeak eskatzen duen zerbait dela esan izan ohi da. Beraz, gizarteko bizitzatik sortu bada, zuzenbidearen erroak bizitzan bertan daude eta, zuzenbidea bizitzarako bada, gizartean aplikatzeko sortzen da beti.

Bere funtzioa praktikari lotua dago ezinbestean: zuzenbidea existitzen bada, aplikatzeko da edo bestela ez da existitzen. Horregatik, zuzenbidea eguneroko bizitzan erraz sumatu daitekeen zerbait da: irakurri daiteke egunkarietan, entzun daiteke jendearen mintzaldietan, ikusi daiteke paisaian, sumatzen da egunean zehar bizitako egintzetan.

Ondorioa

Pertsonak eta beren arteko harremanak **zehaztu eta finkatu** (frogatu ere) behar dira.

Zuzenbidea eta iturriak (jario juridikoa)

> *Dura lex, sed lex*: Legea gogorra da, baina legea da.

Zuzenbidea emana edo ezarria baldin badago ere (legearen aginpidea edo ohituren segizioa), hortik abiatuz eraikitze eta sistematizatze-lana egiten da: printzipio orokorrak atzeman, jurisprudentzia bidez zalantzak argitu, doktrina zientifikoaren iritziak jaso. Noski, ez arbitrarioki, eraikitze-lana ez baita inoiz hutsetik abiatzen, aurrez errealitate juridikoren bat beti baitago.

Ondorioa

Arauak **topatu** behar dira.

Zuzenbidea eta hizkuntza (lengoaia juridikoa)

> «Zuzenbidea, saihets batetik hitz-jarioa bada ere, ideiarekin borrokan poesia bihurtzen da, zuzenbidearengatik borrokatzea berez izaeraren poesia baita» (AMEDEO AVOGADRO).

Zuzenbidea, berez, konbentzioa edo elkar ulertzeko modu bat da, hizkuntza edo lengoaia berezi bat, alegia. Konbentzio hori zehazteko, eredu teorikoak proposatu eta eman daitezke, eta baita sistema teorikoak eraiki ere. Dagoen zuzenbidearen «ulerkera» eraikitzeko eta azaltzeko ematen da «teoria».

Ondorioa

Arazoa eta araudia **ulertu** behar dira.

Zuzenbidea eta aplikazioa (praktika juridikoa)

> «Teoriarik gabeko praktikaz maitemintzen dena, lemarik edo iparrorratzik gabeko pilotua bezala da: inoiz ez daki norantz doan»
> (LEONARDO DA VINCI).

Zuzenbide zibileko ikasketetan, oro har, indarrean dagoena azaltzen da, errealitateko konbentzioa. Eta horri lotu behar zaio, gero, konbentzio hori gauzatzeko zeregina eta teknika, esate baterako erregistroetako eta notaritzako praktika, aholkularitza soila (gestioa), epaileen lana, ikerketa, dibulgazioa eta abar.

Eragile juridiko (legelari) orok, bere lanean, errekurtso tekniko komunak erabiltzen ditu zuzenbidea aplikatzeko eta errealitatean dagoen konbentzioa jasotzeko garaian, bai idatziz (eskritura, kontratua, demanda, txostena), bai ahoz (klasea, defentsa, hitzaldia, aholkua).

Ondorioa

Irtenbideak **azaldu** behar dira.

Zuzenbideko ikaslearen helburu nagusia

> «Zuzenbidearen munduan jarduera egokia eta ona izateko eta lortzeko, zuzen eraikitako teoria da biderik hoberena» (AMORÓS GUARDIOLA).

Zuzenbideko hizkuntza praktikan zuzen islatzeko teknikak lantzea da zuzenbideko ikaslearen zeregin nagusia: zuzenbidea non eta nola topatu, sistemaren printzipio eragileak zehaztu, arauak noiz erabili eta abar. Esate baterako, zuzenbide zibilaren ezaugarriak eta praktika nekez uler daitezke pertsonen arteko berdintasuna eta autonomia pribatua zer diren jabetu gabe.

Jarduera horiek teknika moduan eskura baditzake ere ikasleak, intuizio juridikoa eta jarrera kritikoa lantzea ere ezinbesteko zeregina du prestakuntza juridikoa osatzeko.

Ondorioa

Oinarrizko **jakintza** ezinbestekoa da ezein aplikazio egin aurretik.

Zuzenbideko eragilearen helburu nagusia

> «Nahi den emaitza zehaztea da abiapuntua, hura bidezkotuko duen printzipioa bilatzeko gero; hori da interpretazio juridiko ororen jatorria» (Raymond SALEILLES).

Gero, ikaslea eragile juridiko bihurtzean (abokatu, epaile, aholkulari eta abar), helburu pertsonal bat lortu nahiko edo beharko du kasu konkretu bakoitzean. Aholkatzeko edo erabakitzeko garaia iristean, helburu hori hartu eta arauekin alderatzen du: komeni bazaio, araua aplikatuko du eta, komeni ez bazaio, araua baztertu edo okertuko du bere helbururako erabilgarri izan arte.

Arauaren helburua kontuan izan gabe, interes pertsonalak nagusitzen dira zuzenbidearen aplikazioan. Azken batean, arauak zehaztu ostean, eragile bakoitzak bere intereserako egokien datozen arauak eta argudioak bakarrik hartuko ditu.

Ondorioa

Zeregin desberdinak daude, baina kasu guztietan **eskatutakoari** erantzun behar zaio zuzenean, hori da helburua; eta crantzunak **ondorio juridikoak** jaso behar ditu beti.

2. Legelariaren funtzioa

Interes-gatazkak

Gizarteko kideek elkarrekin dituzten interes-gatazkak bideratzeko dauden arauak, aginduak eta prozedurak osatzen dute zuzenbidea. Berez, gizarteak sortutako emaitza da, etengabe aldatzen doana, eta horregatik ekarpen berriak onartzen ditu gizartearen ondare juridikoa erabat indarberritzeko.

Erantzuna

Ekarpen horiek, ia beti, eragile juridikoek proposatzen eta bideratzen dituzte gaur egun. Zuzenbidea lantegi hartuz eta legelariak langile bihurtuz, eginkizunaren emaitza, hau da, **zuzenbidearen fabrikatik ateratzen den produktua**, hiru hauetako bat izango da: **teoria**, **araua** edo **teknika**. Bereizketa hori, noski, maila teorikoan egiten da, praktikan nahastuta agertzen baitira askotan.

(1) Teoriak: funtzio dogmatikoa

Teoria eraikitzeko logika, zientzia orori dagokion berbera da: «aurkikuntzaren logika». Horrela, zuzenbidean ere, gauzak nola funtzionatzen duten aztertu eta azaldu daiteke. Horretarako, eremu jakin batean baliabide juridikoek nola funtzionatu eta zein eragin duten aurkitu behar da eta, esperientzia hori aintzat hartuz, teoria bat proposatu.

Teoriaren helburua

Errealitate juridiko jakin baten konplexutasuna argitzeko eta menderatzeko esakune unibertsalak ematen saiatzea da teoriaren helburua. Modu horretan sortutako erregelak, printzipio unibertsala izateko asmoz eraikia izan behar du beti. Zeregin hori posible da, honako hau onartzen den heinean bakarrik:

printzipioen arabera antolatu daitekeen ezagutza-multzoa da zuzenbidea, alegia **sistema edo makina konplexua** da. Horrela, aurrez dagoen eskarmentu juridikoa aztertu eta kontuan hartuz, errealitateko korapiloak eta egoera anitzak bideratzeko eta zuzentzeko erregela orokorrak, oinarrizkoak eta argiak ematen dira.

Sistema

Zeregin honetan, ez da nahikoa gaia sakon ulertzea, derrigorrezkoa da erakunde desberdinen arteko loturak ere egitea. Proposatutako antolaketa, orduan bakarrik izango da sistematikoa, edozein sistema eraikitzeko, elementu guztiak izan behar baitira kontuan. Horregatik ere, lan teorikoak bi funtzio bete behar ditu: funtzio **argitzailea** eta funtzio **sortzailea** (sistema zuzen antolatzeko kontzeptuak, irizpide eta erregela berriak ematea eta sistema taxutzea).

Betekizunak

Horretarako, teoriak hiru betekizun bildu behar ditu:

(a) Funtzionaltasuna: Konplexutasuna bene-benetan laburtzeko erregelak eman behar dira, jadanik badiren erregelak errepikatzea tautologia hutsa bailitzateke.

(b) Funtsa: Sendotasun logikoa eta axiologikoa (baliozkoa) izan behar du erregelak.

(c) Faltsugarritasuna: Erregela faltsutzeko aukera egon behar da, hau da, teoriarekin bat etortzen ez den arau edo printzipio bat egiaztatzeko aukera izan behar da. Teoriarekin bateraezinak diren suposamenduak eman daitezke hipotesi aproposak emanez edo legerian bertan dauden ahultasunak agerian jarriz.

Koherentzia

Noski, onartezina litzateke teoriaren eta praktikaren artean kontraesanik egotea.

(2) Erregelak: funtzio pragmatikoa

Askotan, esakunea osatzeko batzen dira **teoria** eta **erregela** eta, horregatik, zail egiten da bereiztea bata eta bestea.

(a) Irizpidea: Erregelak ematea, legegilearen/gizartearen eta, hein batean, jurisprudentziaren zeregina da. Lan horretan ez dute aurkikuntzaren logika jarraituko, zuhurtziaren edo prudentziaren logika baizik. Ematen duenak zuhurtziarik gabe jokatzea beste kontu bat da. Beren lana, beraz, aztertutako eta neurtutako arazoa konpontzeko zentzuzko araua bilatzea da: gauza ez da zerbaiti zentzua bilatzea, baizik eta zerbaitetarako «zentzua sortzea» eta zerbaiti «neurria jartzea».

(b) Izatea: Horregatik, arrazoizko konponbideak ez dira teoriak, erregelak baizik, zentzu praktikotik ateratako argudioak baitaude oinarrian. Zuhur jokatzearen eremuan sartzen direnez erregela positiboak, ez dira benetakoak edo faltsuak; izan daitezke egokiak edo desegokiak komenentziaren arabera edo konbentzimenduaren arabera.

(3) Teknikak: funtzio teknologikoa

Zuzenbidea **zientzia aplikatua** da eta, noski, printzipioak eta erregelak aplikazio praktikoa daukate. Eragile juridiko gehienak alor horretan betetzen dute beren zeregina, hala nola notarioak, erregistratzaileak, abokatuak, aholkulariak eta abar.

(a) Teknika: Aplikazio praktiko hori gauzatzeko edo burutzeko teknikak sortzen dira: helburua lortzeko eta arazoak konpontzeko. Askotan, praktikak berak sortu izan ditu teknikak, esaterako kanbio-letra. Baina, arazoak konpontzeko teknikak ere pentsatu eta sortu daitezke ere zuzenbideko laborategietan.

Gaur egun, horrelako produktu ugari topatzen dira, esate baterako frankizia-kontratua, finantza-errentamendua, kontratuetako klausulak edo testamentuak.

(b) Aplikazio teknikoa: Hainbat helburu izan ditzake aplikazio teknikoak, baina nagusienak dira, batetik, ziurtasuna ematea erabiltzaile juridikoari eta, bestetik, eragiketaren kostu ekonomikoa murriztea. Zuzenbidearen aplikazio tekniko gisa, egun ingeleseko izenez ezagutzen dira instrumentu juridiko asko (*leasing, lease-back, factoring, swap, subprime lending* eta abar); berez ez dira ezer berriak, ezein kode zibilean jasota dauden erakundeekin osatutako instrumentuak baitira.

3. Legelarien trebetasuna

> Zerbait jakiteaz jabetu daiteke, baina galdu ere bai; aldiz, «izakera» eginez indartzen da eta, horrela, hark iraun egiten du.

Zeregin juridikoan aritzeko beharrezkoa da, lehenik, erakunde juridikoen ezaguera izatea eta, gero, jakintza hori bete behar den lanak eskatzen duenaren arabera arazoei aplikatzea. Jarduera dinamiko hori burutzeko, beti, inguruko pertsonekin erlazionatzea ezinbestekoa da, baina norberak bereak dituen irizpideei uko egin gabe. Beraz, abilezia profesionala eskuratu nahi bada, hezkuntza juridikoan **trebetasun** hauek lortzea ere helburua izango da.

(1) Irizpide objektiboen alorrean

Trebezia teknikoa: jakintza

Ezagutzen ikasi (teoria): Legelaria zuzenbideko aditua da. Beraz, zuzenbideko eragileak eta ikasleak erakunde juridiko guztien oinarrizko ezaguera izan behar du, espezializazioaren arabera alor jakin bateko aditua izatea utzi gabe.

Trebezia metodologikoa: egiten jakitea

Egiten ikasi (praktika): Legelaria zuzenbideko arazoei aurre nola egin badakien aditua da. Beraz, zereginak sortutako lanak eta arazoak antzematen, sistematizatzen, konpontzen eta azaltzen ikasi behar du ere zuzenbideko eragileak eta ikasleak.

(2) Irizpide subjektiboen alorrean

Gaitasun pertsonala

Izaten ikasi (iritzi kritikoa): Legelariak bere nortasunari eutsi behar dio, bere lana antolatzeko gai izan behar du, erabakiak hartzeko prestutasuna erakutsi behar du eta bere gain erortzen den erantzukizuna onartu behar du. Azken batean, norberak bere izateaz jabetu behar du eta, ondorioz, irizpide propioak eta espiritu kritikoa landu behar ditu.

Gaitasun parte-hartzailea

Elkarrekin bizitzen ikasi (bizikidetza eta talde-lana): Zuzenbidea berez da gizarte-zientzia eta, derrigorrez, legelariak gizarteko beste pertsonekin harremana izango du bere lanean. Horretarako, batetik, gainerakoak kontuan hartzen dituen portaera erakutsi behar du eta, bestetik, adierazitako ideiak izaeraz konstruktiboak izan behar dute. Azken finean, heldutasuna erakutsi eta zentzuz (prudentziaz) jokatu behar da.

4. Legelari zibilaren zeregin nagusiak

(1) Arazoak prebenitu

Zerbaitek arazorik gabe funtziona dezan edo eragiketaren arriskuak ekiditeko, aurretik egitura juridiko egokiak prestatu eta eraiki behar dira. Hor kokatzen da legelari zibilaren **zeregin nagusia: instrumentu juridikoak diseinatzea**, hau da, teknologia juridikoa egitea. Ohikoenak izaten dira kontratuak, testamentuak, gauzen estatutu juridikoa, familiako harremanak zuzen bideratzea.

Asko eta asko jadanik diseinatuak daude formulario bidez, baina edonola ere partikular bakoitzaren beharretara egokitu beharra dago beti. Informatikariak gure lanean edo etxean behar ditugun programak ordenagailuan instalatzen dizkigun bezala, legelariak pertsona bakoitzaren harremanen eta ondarearen beharretara egokitutako instrumentu juridikoak zehaztu eta moldatuko ditu etorkizunean inolako arazo juridikorik izan ez dezan.

(2) Arazoak detektatu

Legelari zibilak, lehenik, arazoa sumatu behar du, pertsona edo egoera bakoitzaren **diagnosia** eginez. Gero, interesatua **informatu** behar du, jakinaren gainean jarriz eta, gainera, interesatua **ohartaraztea** lortu behar du, hau da, arazoaren garrantziaz konturatu dadila. Bukatzeko konponbiderako **aholkua** eman behar dio interesatuari.

Zeregin horretan, ohikoa izango da legelari zibilak txosten eta lan juridikoak prestatzea idatziz edo bat-batean komunikatzea ahoz.

(3) Arazoak konpontzen saiatu

Lorpen onena gauzatzeko, biderik aproposena **negoziatzea** izaten da, hartara gatazka jasaten dutenen interesak modu azkarragoan eta eraginkorragoan babesten baitira. Negoziazioan, zer eman eta zer jaso, interesatuak berak erabakitzen du eta bere gogoa asetuagoa geratzen da. Bestela, kontuan izan hirugarren baten (arbitroaren edo epailearen) esku jarriko dela erabakia hartzea (ebaztea edo epaitzea), prozesu bat martxan jarriz, egitateak frogatu beharra izanik, gastuak sortuz eta denborak aurrera eginez.

(4) Lan egiteko modua

Legelariaren zereginean, jarduera profesionalari lotutako portaera etikoak errespetatu behar dira.

Balore pertsonalak

Zintzotasuna: Ez engainatu inor eta egia guztia azalarazi.
Sentikortasuna: Legelariek pertsonekin eta pertsonentzat egiten dute lan, ondorioz enpatia izan behar da arazoak dituenarekin.
Apaltasuna: Izan ere, legelarien lana, kristal-zakuan eskua sartzea bezalakoa da: hainbatetan ebakia egingo da.

Lanean aritzea

Prestutasuna: Interes profesionala izateaz aparte, interes pertsonalarekin hartu behar da lana.
Pertseberantzia: Arazo orori egoskor ekin behar zaio, garrantzi ekonomikoa kontuan izan gabe.
Zehaztasuna: Arazoaren elementu guztiak, espioi edo aztarnari batek bezala aztertu behar ditu legelariak.

Txukuntasuna: Ideiak argi eta ordenatututa azaldu behar dira.

Laburtasuna: Erabakiak ez dira hartzen pisuaren arabera, arrazoien arabera baizik; beraz, horietara mugatu behar da, argudioa ona eta laburra bada, balio bikoitza baitu.

Doitasuna: Argudioak azaltzeko, modu atsegina eta arina erabili behar da, eta hutsik gabeko koherentziaz lotuta.

Garrantzia: Elementu eta datu guztiak dira kontuan hartu eta aztertu beharrekoak.

Autokritika: Zerbait prestatu ostean, aldi batean alboratu eta gerora berriz errepasatu, lasaitasunetik ikuspegi berria eman eta akatsak nabarmenarazteko.

Komunikazioa

Adierazgarritasuna: Ideiak argi eta garbi azaltzeaz gain, hizkuntza errespetatuz eman behar dira, eta ideak azpimarratzeko tresnak erabiliz idatziz (letra lodia, etzana) edo ahoz (tonua, geldialdiak).

Errespetoa: Inoiz ez inor iraindu edo norbaiten ospea zikindu. Aldi berean, ez zurikatu inor (zuria ez izan inorekiko).

Egiazkotasuna: Pertsonekin fede onez jokatu behar da, eta gauzei dagokienez objektibotasuna izan behar da (zalantza kasuetan zientziaren laguntza eskatu).

Zuzentasuna: Harira joan behar da, ildorik laburrenak baitu efikazia.

Juridikotasuna: Zuzenbidea arauek osatzen dute eta lan juridikoan argudioak ordenamenduan topatu behar dira; beraz, doktrina beharrezkoa denean bakarrik aipatu behar da.

Denbora: Pertsona orok bere denbora gauzarik baliotsuena bezala bizitzen du, beraz inori ez galarazi edo lapurtu.

Aditasuna: Besteen jarrerak jaso eta azkar baina tentuz erantzun, jaramon eginez momentuko inguruabarrei.

II. PAUSOAK ERABAKITZEN

Ikerketa

Zerbait berria ikasten hastean, ikerketako prozesu bat jartzen da martxan, kuriositateak bultzatuta. Nola sortzen da ikerketa? **Interesak** eta **nahiak** eskatuta. Hain zuzen ere, ikasleek zuzenbidea ikasteko interesa eta nahia badutela *iuris et de iure* presumitu behar da eta, ondorioz, irakasleak gaiak praktikan duen garrantzia eta eragina azaldu behar baditu ere, gaiaren interesa behin eta berriz azaltzen aritu beharrik ez dauka derrigorrez.

Nola eta norantz

Lehen zeregina, informazioa biltzea izango da, gero informazioa interpretatzea eta, bukatzeko, emaitza aditzera ematea: dagoen informazioa biltzea (sistematizazio berria), informazioa interpretatzea baina dagoen guztia jaso gabe, erakunde juridikoak gizartean duen funtzioa zehaztea eta defendatutako interesak azaltzea.

1. Pauso logikoak

Egoera	Bidea	Helburua
INFORMAZIOA →	*METODOA* →	*ONDORIOZKO LANA*

Metodoa

Zuzenbidea eskuratu eta aplikatzeko «jarraibide» egoki bat proposatzen du metodologiak, zeregina antolatzeko modua, alegia. Beraz, arazoa azaltzeko ibiltzen den bideak osatzen du metodoa eta berau aurrez erabaki behar den zerbait da, gero alda badaiteke ere: arazoa zehaztu, kontzeptuak eman, aurresuposamenduak mugatu, aukerak adierazi, interpretazioko arazoak islatu, eta abar.

Teknika

Aukeratutako metodoak hainbat jarduera egitea eskatzen du. Jarduera horiek gauzatzeko moduak dira teknikak, alegia «analisirako tresnak».

Historikoa: Aurrekariak ezagutzea.

Exegetikoa: Arauak erabiltzea.

Konparatua: Zuzenbideak alderatzea.

Interes-gatazka: Babestutako interesak alderatzea.

Errealitate soziala Gizarteko datuak jakitea.

Errealitate politikoa: Gauzen izaera, soziologia, antropologia, ekonomia, azken batean pertsona arruntaren ikuspegitik arazoa ikustea.

Doktrina zientifikoa: Legelarien iritziak biltzea.

Pauso logikoak

Edozein zeregin juridikoari ekiteko.

(1) Gaia zehaztu

Lan-eremua mugatu, bereziki gizarteko errealitatea edo kasua zehaztuz.

(2) Arazoa aztertu

Errealitate juridikoa: Egitateak (suposamendua) + Arauak (interpretazioa: helburua eta bideak, jurisprudentzia eta doktrinan).

Kritikak: Proposamenak eta aukerak.

(3) Irtenbidea formalizatu

Formularioa: Eskriturak, kontratuak, prozesuak.

Diktamenak: Txosten juridikoak.

Lan idatziak: Ikerketa- eta sistematizatze-lanak.

2. Pauso praktikoak

Praktikan beti **mugak** jarriz ibili behar da eta, irizpide sendorik ezin bada eman ere, oreka bilatu behar da lortu nahi den «helburuaren» eta erabiliko diren «tresnen» artean.

Pauso logiko haietatik, zenbait eman ahal izateko tresnak erakutsi daitezke.

(1) Informazioa biltzea

Iturriak

Esaten da jakituri juridikoa nahiko egonkorra dela, iturrien sistema ezarrita dagoelako. Iturriak finkatzeko erabaki behar da zergatik zerbait iturri den eta zergatik beste bat ez den iturburu: legea, ohiturak, epaileen iritziak, autoreen iritziak, gizarteko praktika, estatistikak. Eta hala, batez ere gizartezientzietan, informazioa zer den zehazteko arazoa dago.

Tresnak

Eragile juridikoen lanean bildu behar dira egitateak eta zuzenbidea, eta zuzenbideaz jabetzeko, dokumentazio juridikoa bildu beharko da. Horretarako ezinbesteko tresna dira liburuak, aldizkariak eta erregistroetan jasotako dokumentuak. Zehazki liburutegiek eta erregistroek zer jasotzen eta nola funtzionatzen duten jakitea ezinbestekoa da.

Muga

Fase honetan sortzen den kezka izaten da erabakitzea noiz utzi informazioa biltzeari. Berez, ezinezkoa da gai bati buruz idatzi eta plazaratutako guztia biltzea. Egun, gainera, ekoizpen bibliografikoa izugarria da eta interneten dagoen informazioa ere itzela. Horregatik, egileak hoberen iruditzen zaiona aukeratu behar du eta gainerakoaz ezin du kezkatu; egiten ari den lanaren helburuak berak ere markatuko du bilaketaren muga.

> «*Culture is not derived* from the *reading* of *books, but* from *thorough and intensive reading of good books.*» (Aldous HUXLEY, 1930, *Reading, The New Vice*); «*Culture is in danger of being buried* under the avalanche of books *and the mind is in danger of being paralysed*» (Aldous HUXLEY, 1932, *Too Many Books*).

Fitxa

Topatutako eta erabilitako dokumentuen datuak jasoko dira. Batetik testuaren egilea, lekua eta garaia (data). Bestetik testuaren izaera, kausa eta helburua.

(2) Informazioa interpretatzea

Prestakuntza

Irakasle bidezko prestakuntzan, helburua kontzeptuak irakastea eta ikastea da, zuzenbideari buruz irakurtzen edo entzuten duena uler dezan ikasleak.

Irizpidea

Kontzeptuak azaltzeko eta informazioa interpretatzeko orduan, ezinezkoa da neutraltasuna mantentzea eta iritzi subjektiboak ezinbestekoak dira. Hala eta guztiz ere, oreka bilatu behar da: alderatu iritziak, agente juridikoenak eta gizarteko beste agenteenak. Horregatik, iritzia emateko irizpidea, zuzenbidean, zuhurtzia edo prudentzia (*juris-prudentzia*) da, legelari (legea egin, aztertu eta aplikatzen duten) guztiek jarri beharrekoa.

Helburua

Oro har, gauzak esateko orduan irudi klasikoa da zerbait berria esan beharra, baina, gaur egun, garrantzia dute ere erantzun berriek, galdera berriek, dagoen jakituria aztertzeak eta berriro bultzatzeak.

Elementuak

Kanpoko inguruabarrak: Testuingurua: gizartea, ekonomia, geografia.
Barneko inguruabarrak: Oinarrizko ideiak, terminoen erabilera, metodologia, koherentzia. Frogatutako ideiak (tesia) vs. Frogatu gabeak (hipotesia / iritzia).

Hausnarketa bultzatzen duten teknologiak

Idatzitako hitza (irakurtzea, idaztea) da hausnarketa (kritika, imajinazioa) ekartzen duen teknologia bakarra. Aldiz, audiobisualek berez ez dute tarte nahikorik uzten probetxuzko hausnarketa burutzeko.

Bilakaera

Lehen: Liburuak eta testu zabalak irakurtzea: ezaugarria = hausnarketa ostean, ideiak ateratzea.
Ondorioa: Testuak ondo aukeratzea aurrez / autoritatea bilatzea.
Orain: Internet erabiliz lortutako informazioa: ezaugarriak = irakurketa azkarra, testu laburrak, erabat batetik bestera saltoak eginez. Datuak lortzea eta erabiltzeak ez du ekartzen edukiaz jabetzea; eskuratutako informazioak ez dakar ezagutza.
Ondorioa: Zailtasunak daude bereizteko funtsezko informazioa eta lastoa (betelana).
Erne: Distrakzioak gehitu egin dira.
Abantaila: Askotan informaziora heltzeko bidea jakitea nahikoa da. Zenbaitetan informazioa lortzeko denbora eta bidaiak aurrezten dira.

(3) Informazioa sistematizatzea

Errealitate juridikoa

Lehenik, suposamenduak edo egitateak zehaztu behar dira. Egitateak badiren edo ez diren zehaztu eta, errealitate juridikoa finkatzeko, frogak eta frogatutakoa hartuko dira kontuan.

Araudia

Gero, egitateak ordenamendu juridikoan kokatu behar dira, hain zuzen ere zehazteko zein arau juridikok arautzen duen suposamendua edo frogatutako egitatea. Araua zehaztaek esan nahi du legeak agindutakoa topatzea eta legearen eremua finkatzea (subjektuak, lurraldea, garaia).

Zuzenbideko oinarriak

Hori egin ostean, argudio juridikoak, hau da, zuzenbideko oinarriak sistematizatu behar dira. Horra hor araua interpretatzearen beharra eta legearen hitzaurreak, jurisprudentziak eta doktrinak duten garrantzia.

Gauzatzea

Lan juridikoa beti **idatziz** egitea komeni da, baita gero hitzez adierazteko ere. Azken batean, araua aplikatzea gehienetan idatziz egiten delako, bai lan teknikoetan (formularioak, demandak eta abar), bai bat-bateko praktikan (kasuari erantzutean). Azpimarratu behar da idazteko erabiltzen diren tresnek zerikusi handia dutela pentsamendua eratu eta sistematizatzeko moduarekin: **Eskuz – Idazteko makina mekanikoa – Ordenagailua** (ondo erabilita, ideiak pentsatzeko eta konpontzeko aukera gehitzen du)

(4) Kritika

Ezein lan juridiko neurtu eta baloratzeko orduan, kontuan hartu behar dira hainbat «irizpide»:

Egiazkotasuna

Burutzen den emaitzak beti errealitate material eta juridikoarekin bat egon behar du.

Osotasuna

Lortu nahi den helburuaren arabera, emaitzak hasieran eskatutakoari erantzun behar dio erabat eta zuzenean.

Objektibotasuna

Egilearen iritzi pertsonalek ez dute baldintzatu behar emaitza, eta haiek eman nahi badira esanbidez aipatu behar dira.

Interesak

Lan juridikoak lortu nahi duen helburuaren interesa du ardatz nagusi. Baina orokorrean diziplinarako duen interesa ere kontuan hartu behar da.

Balioa

Lan juridikoa testuinguru jakin batean kokatzen denez, kasuko errealitatea moldatzeko duen balioa neurtu behar da.

Esanahia

Zenbaitetan, zer esan duen zehaztu ostean, zer esan nahi zuen sumatzea beste modu batera.

III. INFORMAZIOA BILATZEN

Quod non est in libris non est in mundo: Liburuetan ez dagoena munduan ere ez dago

Hemen aipatzen diren argitarapen ia guztiak kontsulta daitezke, erakundearen arabera, Aldizkari Gelan, Dokumentazio Zerbitzuan, Ordenagailu Gelan (Datu-base informatikoak) edo Liburutegian. Zerbitzu bakoitzaren arduradunak azalduko ditu kontsultak nola egin eta materiala nola erabili, eta behar izanez gero eskatu laguntza irakasleari.

Argitalpenen artean bereizi:

(1) Ofizialak: Arlo batean eta bati buruz instituzio ofizial batek egiten dituenak. Balio ofiziala izango dute alor zehatz horretan.

(2) Pribatuak: Arlo batean eta bati buruz entitate pribatu batek egiten dituenak. Balio ofizialik gabe, entitate horrek bere lan serio eta zorrotzagatik lortzen duen errekonozimendua eta aitortza baino ez dute izango.

Zuzenbide zibilean ikerketa juridikoa burutzeko kontuan izan behar diren alorrak honako hauek dira:

1. Legeria

Lege- eta arau-motorizazioa errealitatea dira eta ez dirudi gelditzeko asmotan denik. Gainera, erabaki politikoek legegintzako teknika askotan xehututa uzten dute.

Esaterako: ikusi *BOE 26 de diciembre de 2003 (nº 309)*
- *Ley Orgánica **19/2003**, de 23 de diciembre, de modificación de la Ley Orgánica 6/1985, de 1 de julio, del Poder Judicial.*
- *Ley Orgánica **20/2003**, de 23 de diciembre, de modificación de la Ley Orgánica del Poder Judicial y del Código Penal.*

Kontuz indarrean dauden arauak topatzeko orduan; horretan laguntzen dute, ez bilduma ofizialek, baina bai bilduma pribatuek, bereziki datu-base informatikoek.

(1) Estatukoa

Bilduma ofizialak

Historian
Nagusienak dira *Gaceta de Gobierno* eta *Gaceta de Madrid*.
Gaur egun
Boletín Oficial del Estado (BOE) 1936.az geroztik.
Kontsultatzeko aukera: www.boe.es

Bilduma pribatuak

(a) *Diccionario Jurídico Administrativo Alcubilla* 1853 (1. edizioa) / 1914-1930 (6. edizioa: 13 bolumen). Eranskinak urtero 1914-1972 bitartean.

(b) *Enciclopedia Jurídica Española Seix* 1910 urteraino hiztegi moduan jasotzen du legeria. 1910-1935 aldian urtero eranskinak. Aranzadi Repertorio Cronológico de Legislación 1930 urtez geroztik.

(c) *Aranzadi Diccionario de Legislación* 16 tomo, 1950 urte arteko legeria hiztegi moduan.

(d) *Aranzadi Nuevo Diccionario de Legislación* 36 tomo, 1974 urte arteko legeria hiztego moduan; 1975 urtez geroztik eranskinak.

(e) *La Ley Revista Semanal de Legislación* 1989 urtez geroztik.

(2) Autonomia Erkidegokoa

Bilduma ofizialak

Boletín Oficial de la Comunidad Autónoma Komunitate Autonomo bakoitzak aldizkari ofiziala dauka.

Euskal Herriko Agintaritzaren Aldizkaria/*Boletín Oficial del País Vasco* (EHAA/BOPV)

Boletín de Legislación de las Comunidades Autónomas Gorte Jeneralek argitaratua.

Bilduma pribatuak

Aranzadi Repertorio de Legislación de las Comunidades Autónomas 1982 urtez geroztik Autonomia Erkidegoetako aldizkarietan argitaratu diren izaera orokorreko xedapenak biltzen ditu.

(3) Lurralde historikoak

Lurralde Historiko bakoitzak Euskal Herrian eta gainerako probintziek aldizkari ofiziala dute.

- **Araba** Lurralde Historikoaren Aldizkari Ofiziala / *Boletín Oficial del Territorio Histórico de Álava.*
- **Bizkaiko** Egunkari Ofiziala / *Boletín Oficial de Vizcaya.*
- **Gipuzkoako** Aldizkari Ofiziala / *Boletín Oficial de Gipuzkoa.*

(4) Europako Batasuna

Bilduma ofizialak

Diario Oficial de las Comunidades Europeas (DOCE) (Unión Europea): Multzo desberdinetan dator: L Legislación, C Comunicaciones e informaciones eta S Suplemento.

Repertorio de la Legislación Comunitaria vigente: Europako zuzenbide guztia analitikoki egituratzen du, arau guztien erreferentziak jasoz.

Boletín de las Comunidades Europeas (Unión Europea): Hilero argitaratzen da, eta Komunitate Europarrari buruzko informazio orokorra jasotzen du.

(5) Atzerriko zuzenbidea

Boletín de Legislación extranjera. Gorte Nagusiek argitaratua 1995. urte arte. Mendebaldeko herrialdeetako aldizkari ofizialetan argitaratutako lege eta arauen erreferentziak jasotzen dira.

(6) Besteak

Legebiltzarrak

Legebiltzar guztiek dute: Aldizkari Ofiziala/*Boletín Oficial* (biltzarreko testuak jasotzen dira, bereziki lege-proiektuak) eta Bilera-Egunkaria/*Diario de Sesiones* (biltzarrean esaten dena: plenoetan eta komisioetan).

Hala nola: Espainiako Gorte Nagusien Kamara bakoitzak (Kongresuak eta Senatuak) / Eusko Legebiltzarrak / Lurralde Historikoetako Batzar Nagusiek.

Ministerioak

Ministerio bakoitzak bere aldizkari ofiziala argitaratzen du, barne-izaera duten arauak jasotzeko, hala nola Zirkularrak, Instrukzioak eta besteak.

Udalak

Zenbait udalek, handienak normalean, aldizkari ofiziala argitaratzen dute, bandoak, erabakiak, iragarkiak eta abar argitaratzeko (esaterako Bilboko Udalak).

2. Doktrina legala: jurisprudentzia

(1) Konstituzio Auzitegia

Bilduma ofizialak

Boletín Oficial del Estado: Aldizkari horretan argitaratzen dira ofizialki epaiak.

Boletín de Jurisprudencia Constitucional de las Cortes Generales: Epai osoak argitaratzeaz gain, alderdien alegazioak ere argitaratzen dira.

Bilduma pribatuak

Repertorio Aranzadi del Tribunal Constitucional.

(2) Auzitegi Gorena

Bilduma ofizialak

CENDOJ Repertorio Oficial de Jurisprudencia: *epaitegien ebazpenak* WEB bidez kontsultatzeko www.cendoj.es

Colección Legislativa de España: Justizia Ministerioak argitaratzen du.

Bilduma pribatuak

Repertorio de Jurisprudencia Aranzadi: Astero agertzen da eta bi hilabetean behin koadernatzen dute. Aurkibide desberdinak dauzka (urterokoa): sistematikoa, analitikoa, kronologikoa, legearen araberakoa. Ia epai guztiak jasotzen dira baina ez guztiak, eta zenbaitetan ezta osoak ere. Erabiliena da. Indize orokorrak: 1930-1959, 1960-64, 1965-69, 1970-74, 1975-79, 1980-84, 1985-1992. Erreferentzi bibliografikoak ere jasotzen ditu zenbaitetan.

La Ley Revista Jurídica española de doctrina, jurisprudencia y bibliografía: Egunero ateratzen da alea, eta hiru hilabeteko tomo batean bildu eta sistematizatzen dira. Ez ditu epai osoak jasotzen.

Actualidad Civil: Astero ateratzen da, eta hiru hilabeteko koadernatze sistematikoa egiten da. Lehenengo Salaren epai guztiak jasotzen ditu, baina ez osorik.

Jurisprudencia Civil (Revista General de Legislación y Jurisprudencia): 1853-1957 bitarteko Auzitegi Gorenaren epaiak biltzen ditu.

(3) Justizi Auzitegi Nagusia

Epai **garrantzitsuenak aldizkari espezializatuetan** aurki daitezke: *Actualidad Civil, La Ley, Revista General de Derecho, Revista Jurídica de Cataluña*.

(4) Audientzia Probintzialak eta Beste Jurisdikzio-Organo apalagoak

Epai **garrantzitsuenak aldizkari espezializatuetan** azaltzen dira.

Abokatu-kolegioen aldizkarietan jasotzen dira bakoitzari dagokion Audientziaren jurisprudentzia: *Boletín de pequeña jurisprudencia del Ilustre Colegio de Abogados de San Sebastián, Revista del Ilustre Colegio de Abogados del Señorío de Vizcaya*.

(5) Erregistro eta Notaritzako Zuzendaritza Orokorra

Zuzendaritza Orokor horren ebazpenak aurki daitezke:
- Estatuko Buletin Ofizialean.
- Justizi Ministerioaren Informazio Buletinean.
- Jurisprudencia Civil bilduman (zaharrak bilatzeko).
- Aranzadiren bilduman.

3. Doktrina zientifikoa: bibliografia

(1) Eskuliburu orokorrak

Zuzenbide zibila osorik sistematikoki jorratzen duten obrak.

Zuzenbide zibila ikasteko derrigorrezkoak, eta edozein lanaren oinarri gisa ere kontutan hartzekoak dira.

(2) Monografiak

Gai zehatzei buruz idatzitako liburuak.

Oso liburu espezializatuak direnez, zuzenbideko liburutegietan aurki daitezke batik bat.

Zuzenbide zibileko gaiak argitaratzen dituzten **argitaletxe** ezagunenak hauek dira: *Colex Data, Civitas, Dykinson, Francis Lefebvre, Lex Nova, Marcial Pons, Tecnos, Tirant lo Blanch, Thomson-Aranzadi.*

(3) Hemerografia (artikuluak)

Bereziki Zuzenbide zibila ukitzen duten Espainiako **aldizkariak** honako hauek dira:

Actualidad Civil (AC, urte-tomoa, orria).

Anales de la Academia Matritense del Notariado (AAMN, tomoa, urtea, orria).

Anuario de Derecho Civil (ADC, urtea, orria).

Aranzadi Civil (AC, urtea, orria).

Cuadernos Cívitas de Jurisprudencia Civil (CCJC, urtea, orria).

Revista Aranzadi de Derecho Patrimonial (RDPA, alea, urtea, orria).

Revista Crítica de Derecho Inmobiliario (RCDI, urtea, orria).

Revista de Derecho Notarial (RDN, alea, urtea, orria).

Revista de Derecho Privado (RDP, urtea, orria).

Revista General de Legislación y Jurisprudencia (RGLJ, urtea, tomoa, orria).

Revista Jurídica de Cataluña (RJC, urtea, orria).

Kontsulta daitezke ere zuzenbideari buruzko aldizkari **orokorrak**: *Revista General del Derecho, Revista Jurídica La Ley, Revista Jurídica de Navarra.*

(4) Besteak

Lege komentatuak: bat-etortzeak, jurisprudentzia, komentarioak.
Lege bildumak: gaiaren arabera.
Txosten juridikoak: *Dictámenes*.
Formularioak: prozesuen praktika, notaritzako praktika, kontratuak, eskriturak, hitzarmenak eta abar.

4. Zentru dokumentalak: artxiboak

Erakunde publikoen dokumentazioa jasotzen da nagusiki artxiboetan. Bertako dokumentazioa jendearentzat eskura jartzen da, artxibo bakoitzak jarritako baldintzen arabera. Zuzenbide zibilaren ikerketarako balio handikoa da honako dokumentazio hau:

(a) **Korregidorearen** edo beste organo jurisdikzional baten erabakiak eta epaiak.

(b) **Notarioen** protokoloak: notarioek egiten dituzten dokumentu (eskritura eta akta) guztiak ehun urte betetzen dituztenean artxiboetan jasotzen dira.

(c) **Higiezinen** eremuan, *Oficio de Hipotecas* delakoa (*Registro de la Propiedad* sortu aurretik).

5. Errealitate sozio-juridikoa

(1) Giza portaera

Egitate juridikoak ondorioztatzeko, giza portaerak eta horiek zuzenbidearen bizitzan duten eragina azter daitezke. Zuzenbidearen Soziologiak ikertzen du bereziki eta alor horren magalean aurkituko da ikerketa mota horri buruzko analisia eta informazioa.

Zuzena

Bereziki zuzenbidearen bizitzari dagozkion egitateak. Gizakiaren portaera juridikoa zein den ikustea, bertatik ohitura juridikoak zeintzuk diren ondorioztatzen baitira.

Zeharkakoa

Zuzenbidea zuzenean ukitzen ez duten portaerak, baina zeinetatik ere gizakiaren portaera eta ohiturak ondoriozta daitezkeen.

(2) Teknika

Helburua zuzenbidea bizi-bizian aztertzea da. Horretarako nagusiki hiru ikerketa-teknika erabili daitezke:

Obserbazioa

Ikusi ea zein den erakunde juridiko baten benetako funtzionamendua. Ikertzaileak, horretarako, ikertzen duen taldean parte har dezake zuzen-zuzenean elkarbizitza bidez, edo egitateen lekuko soila izatera mugatu.

Inkesta

Obserbazio mota bat da, baina kontrolatua. Pertsonen iritziak jasotzen dira, baina gai zehatz batzuei buruz zuzenduta. Aurrez egin behar den prestakuntza eskatzen du, eta normalean horretan aritzen diren pertsonengana jo behar da inkesta ondo bideratzeko (erantzuleak aukeratu, galdeketa egin, analisia).

Elkarrizketa

Ahoz emandako iritziak jasotzea da. Mota askotakoak izan daitezke elkarrizketak. Lortu nahi denaren arabera moldatu beharko dira: bakarka/askorekin, egitateak jaso/iritziak jaso, aurrez prestatua/inprobisatua.

IV. IRAKURTZEN

(1) Fitxa

Ikasteko eta ikerketarako irakurtzen den guztia «fitxatu» behar da, erabilitako eranskinak osatzeko, zerbait irakurtzen denean, jakin behar baita **nork** idatzi duen, **zer** irakurtzen den (testuaren testuingurua) eta **zertarako** irakurtzen den.

(2) Ulertzea

Edozein zalantza termino bati buruz edo esaldi bati buruz, azpimarratu eta argitu egin behar da berehala.

Hiztegia: Terminoaren ohiko esanahia: *Diccionario de la lengua española* eta *Diccionario del español jurídico* (RAE).

Hiztegi juridikoa: Termino juridikoetara lehen hurbilpena egiteko.

(3) Hustutzea

Testutik, interesatzen diren ideiak xurgatu edo atera behar dira. Horretarako, ezinbestekoa da ideiak bereiztea.

(a) Legeak esaten duena: abiatzeko, legeak esaten duena irakurri eta interpretatu behar da. Erakunde juridiko askoren kontzeptua, esanahia, sailkapena eta eskematizazioa legeak berak ematen ditu.

(b) Egilearen lan sistematikoa: arau desberdinetan araututako erakunde juridikoak elkarrekin zer nolako lotura duten eta zer nolako arazoak sortzen diren azaltzeko, zuzenbidearen sistema osorik aztertzen da.

(c) Egilearen iritzia: doktrinak burutzen duen lanean, arazoak zehaztu eta aztertu ostean, egileek beren ustea eta iritzia ematen dute erakundeari buruz, zenbaitetan erakundea arautzeko proposamen berriak eginez.

(d) Egilearen interpretazioa: askotan, araua ulertzeko modu desberdinak daude. Aukera anitzen artetik, jarrera bakoitza defendatzeko zein argudio juridiko erabiltzen diren zehaztu behar da.

(4) Liburutegia

Liburuak sailkatzeko sistema hau erabiltzen da:

UDC Universal Decimal Classification	CDU Clasificación Decimal Universal
Nazioarteko sailkapena 34 Law. Jurisprudence	**Espainiako ISBNren Agentziak egindako sailkapena** 34 Zuzenbidea
Scope Note: *The method of classification of section 34 is independent of the legislative systems of particular countries with different philosophies of law; it provides instead an arrangement and hierarchy based on generalized legal principles. Only in this way can a classification be offered that is equally applicable to any country*	
347 Civil law	347 Zuzenbide zibila. Zuzenbide pribatua
347.1 Civil law generalities Including: Civil status. Birth certificates. Identity cards. Registry offices. Civil register	347.1 Pertsonen zuzenbidea
347.2 Law of realty. Real rights. Things. Chattels Including: Property, real estate	347.2 Eskubide errealak, Gauzak eta ondasunak. Laborantza-zuzenbidea. Ura. Meatze-zuzenbidea
347.3 Movables in general. Personalty	
347.4 Commitments. Contractual liabilities. Bonds. Contracts. Agreements	347.4 Kontratuak eta obligazioak. Alkilerrak
347.5 Non-contractual liabilities. Torts Including: Civil liability	347.5 Erantzukizun zibila

347.6 Family law. Law of inheritance. Heirs. Successors Including: Marriage. Divorce. Filiation. Adoption. Wills, testaments	**347.6** Familia-zuzenbidea. Oinordetza-zuzenbidea. Jaraunsleak
347.7 Commercial law. Company law Including: Bankruptcy. Official receiver. Industrial, commercial, scientific property and ownership. Patent and trade-mark law. Artistic and literary property. Copyright	**347.7** Merkataritza-zuzenbidea. Itsas zuzenbidea. Egile zuzenbidea
347.8 Laws of air, space, ether Including: Telecommunications	**347.8** Aire-zuzenbidea. Irrati-zuzenbidea. Espazio-zuzenbidea
347.9 Legal procedure. Judiciary personnel and organization Including: Appeals. Appeal courts	**347.9** Zuzenbide prozesal zibila **347.96** Pertsonal judiziala

V. AZTERTZEN

> «Me dije: Lincoln, nunca podrás ser un abogado si no entiendes lo que significa demostrar; y dejé Springfield, marché a mi ciudad, a casa de mi padre, y permanecí allí hasta que pude leer todas las proposiciones de los seis libros de Euclides. Entonces encontré lo que significa demostrar y me volví a mis estudios de leyes» (Abraham LINCOLN: «Esbozo autobiográfico», *Unión y Libertad*, Ed. Unión Panamericana, Washington, 1950)

1. Frogatzea eta argudiatzea

(1) Debatea irabazteko

Jakin behar dira eztabaidatzeko ezarri diren erregelak (bereziki, epaitegietan aritzeko, prozesuei buruzko zuzenbidea), eta **lortu** behar da norbaitek (epaileak/aurkariak/jendeak) arrazoia ematea. Horra hor argudioaren, azaltzeko moduaren eta frogaren garrantzia.

(2) Argudioa

Ordenamendu juridikoak bat eginda jarraitzeko beharrezkoa duen itsasgarria da justifikazioa. Proposizio juridikoak, justifikazio logikoa behar du. Horregatik, argudioa ere, baieztapenaren baliotasunaren ikuspegitik sinesgarria izateko, **logikaren** erregelen arabera eraiki behar da.

(3) Asmoa

Arazoak konpontzeko, **interesdunak** aurreposizio honetatik abiatu behar du:

(a) Gaia ikertzeko **interesa** izan behar du, hau da, arazoa konpontzeko erronka onartu.

(b) Gaia eta eremua **ezagutu** behar ditu.

(c) Gauza **berriez** jabetzen ari dela konturatu behar du.

(d) Susmoak eta **aburuak** idatziz adierazi behar ditu.

(e) Adierazpen oro begiratu, arakatu eta **egiaztatu** behar du.

(f) Kasu zehatzak azpian edo oinarrian daukan **eredu** nagusia, beste arazoetarako ere balio duena, finkatu behar du.

(g) Etengabe hasieratik **berriz hasteko prest** egon behar du.

(4) Estrategia

Gero, arazoak konpontzeko estrategiari ekin behar zaio:

(a) **Arazoa zehaztu:** ulertu, norberak bere hitzekin adierazi; datuak banandu; informazioa osatu; aurrez izandako esperientzia arakatu; besteekin iritziak trukatu.

(b) **Egitasmoa finkatu:** definizioak; arazoaren eremua; eraentza propioa; ahal bada, irudikatu.

(c) **Helburuak:** helmuga eta zailtasunak zehaztu.

(d) **Metodologia:** helburua lortzeko pausoak zehaztu.

(e) **Egitasmoa burutu:** pausoak banan-banan eman.

(f) **Idazkia prestatu:** edonork ulertzeko moduan.

(g) **Azken hausnarketa egin:** ahal bada, denbora aldi bat iragaiten utzi ostean.

2. Harremanak zuzenbidean

Ezein azterketa egin aurretik, kontuan izan zuzenbidearen eremuan pertsonen artean agertzen diren hartu-emanak izaeraz izan daitezkeela **aurkakoak** (norbaitek badu, bestea ez du) edo **kideak** (norbait badu, beste norbaitek ere badu).

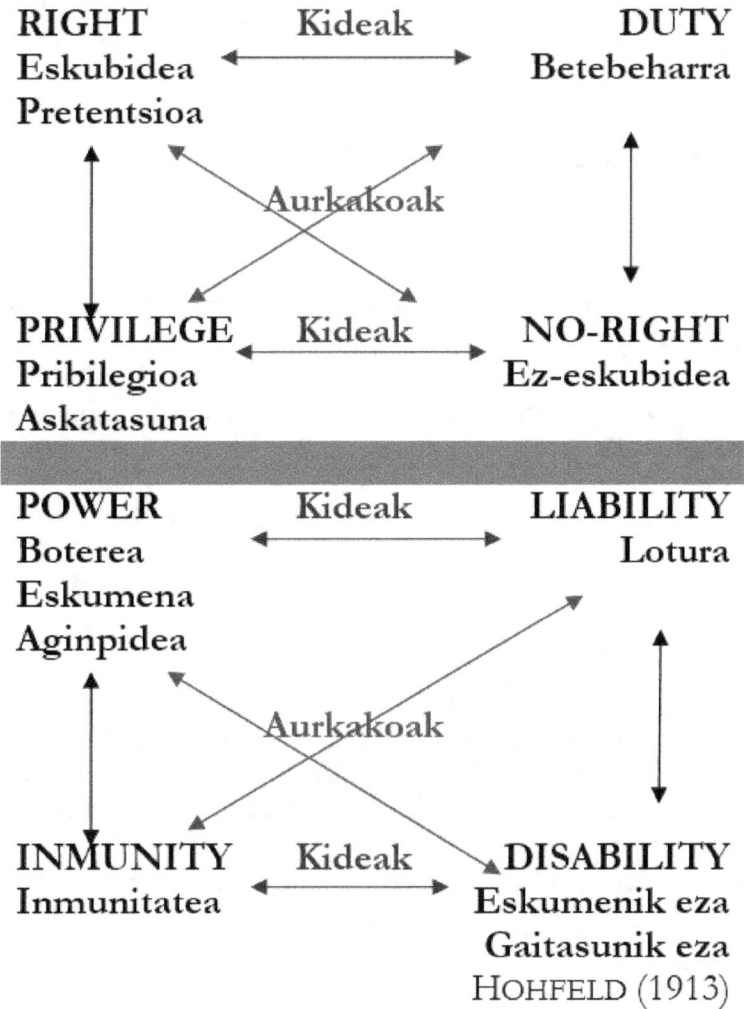

HOHFELD (1913)

3. Zuzenbide zibileko kasuak konpontzeko teknika

Teknika guztiek badute ezaugarri komuna: **eginez** ikasten da (bizikletan ibiltzen, igeri egiten edo autoak gidatzen ikasten den bezala). Noski, burua erabiliz, baina kasuari ekin, abiatu eta pausoak emanez, horrela bizitako esperientzia barneratua geratzen baita. Buruz ikasitakoa ahaztu egiten bada ere, «ulertutakoa ezin da desulertu» eta «praktikatutakoa ezin da despraktikatu».

(1) Abiapuntuan

Zehaztu beharreko **erreferentziak** dira:

(a) Egitateak: arau juridikoak eta arautzen dituzten egitateak ulertzea.

(b) Erlazioak: oinarrian dauden erlazio ekonomikoak eta gizartekoak zehaztea.

(c) Interesak: pertsona edo pertsona-multzo bati babesten zaizkion interesak argi izatea.

(2) Helburua

Erakundearen azterketa sistematikoa baino, arazo praktiko bati buruz arau juridikoek zer ezartzen duten adieraztea da: auzi batean (antzekoak ahaztuz), aldeko eta kontrako argudio juridikoak ematea. Auzi bakoitzak bere eremua dauka eta eremu horretan agertzen diren arazoei bakarrik erantzun behar zaie: eremu horretan ezer ahaztu gabe, baina hortik kanpora joan gabe (*obiter dicta* ez bada).

(3) Erlazioak marraztu

(a) Subjektuak: arazoan azaltzen diren pertsonak apuntatu paperean/pizarran.
Egoera juridikoa: pertsonaren estatutu juridikoa zehazten duten erakundeak.

(b) Erlazioak: pertsonen loturak marraztu.
Pertsonekin: familia, eskubide pertsonalak.
Gauzekin: eskubide errealak, hau da, gauzaren estatutu juridikoa osatzen dutenak.

(c) Gertatutakoa: egitateak apuntatu paperean/pizarran.
Marra edo segida kronologikoa: horizontalean edo bertikalean.

(d) Arazoa zehaztu: azterketa egiteko, ordena bat jarraitu behar da:
- Arazoaren eremua zehaztea.
- Eremu hori arautzen duten arauak bilatzea.
- Arauak eskatzen dituen aurresuposamenduak eman diren aztertzea.
- Aplikagarri den arauaren ondorio juridikoak aplikatzea.

Egitateak zehaztea

(1) Froga

Zehaztutako egitateek bideratuko digute eman behar den erantzunaren zorroztasuna. Errealitate juridikoa osatzeko, egitateak **frogatu** egin behar dira:

(a) Subjektuen estatutu juridikoa: gaitasuna, egoera zibila, **auzotartasuna**, naziokotasuna...

(b) **Objektuen estatutu juridikoa:** jabetza, eskubide erreal mugatuak, erregistroak…

(c) **Erlazio juridikoak:** filiazioa, familia, kontratuak, obligazioak…

(d) **Egitateak eta eragina izan duten gertaerak:** denbora (prekripzioa, kaduzitatea), lekua, adierazpenak (nork eta nola egin dituen kontuan izanda), txostenak, kalteak, irudiak…

(2) Presuntzioak

Frogaren eremuan, kontuan izan **presuntzioak**: *iuris et de iure* eta *iuris tantum*. Zuzenbide zibileko presuntzio nagusiak (*iuris tantum*) hauek dira: pertsonaren gaitasuna, fede oneko jarduera, jabetzaren askatasuna.

(3) Adierazpenak

Egitateak, adierazpenak (idatziz edo ahoz emanak) badira, **interpretatu** egin behar dira: eremu juridikoan duen irismena zehazteko.

(a) **Hizkera arrunta:** kontuan izan jendeak ez duela hizkera juridikoa menperatzen eta terminoak esanahi desberdinarekin erabil ditzakeela: esaterako "nirea da" (Edukitzailea da? Jabea da?), "eskriturak egin" (Zein da edukia?).

(b) **Adierazpen desberdinak:** alderatu bat etortzeak eta kontraesanak.

(4) Zantzuak

Froga osatzeko edo interpretatzeko, **zantzuak** ere kontuan hartuko dira.

(5) Kalifikazioa

Gero, egitateak **kalifikatu** egin behar dira: egitateak, aurrez emanak diren molde juridikoetan txertatu behar dira.

> **Oharra: azterketako kasu praktikoa** bada, literalki hartu behar da, deskripzioa interpretatu gabe, eta aipatu gabeko irregulartasunik edo anomaliarik ez dagoela ulertuz. Beste gauza bat da hutsuneak egotea edo datuak faltatzea; orduan, ikusi behar da garrantzirik baduten eta, hala balitz, aipatu.

4. Zuzenbide zibileko lanak egiteko ildoak

Ezein azterketa zientifikoren helburua, errealitatea **disekatzea** da. Beraz, azterketa zientifiko-juiridoan ere, metodo zientifikoaren pausoak eman behar dira, gidaritzat hartuta honako erreferentzia-puntu hauek:

(1) Arazoari mugarriak jartzea

Analisi orotan, erabaki beharreko lehen zeregina lanaren mugak zehaztea da:

(a) Behaketa (zer): errealitateko fenomenoa edo gertakaria begiratu, hau da, errealitate juridikoa deskribatu.

(b) Bilakaera (zergatik eta nola): errealitate hori sortu eta abiarazi duten kausak eta eraldaketak aztertu.

(2) Ekarpenak

Errealitate juridikoa zehaztu ostean, horren gaineko gogoetak burutu behar dira, ahal dela zerbait eransteko asmoarekin:

(a) Hausnarketa: errealitate juridikoak zeri erantzuten dio: jatorrian babestutako interesak eta aplikazioan probetxua jasotzen duten benetako onuradunak.

(b) Formulazioa: errealitateari aplikatutako eraentzaren justizia ulertzeko baliozkoa izan daitezkeen hipotesiak edo teoriak eraikitzea.

(c) Berrikuntza: emandako hipotesiak aplikatzeak sortzen dituen eraginak azaldu eta parametro berriak proposatu.

VI. ESKEMAK EGITEN

1. Egitate bakoitza eta eragin juridikoa bere garaian zehaztea

Elementu guzti horiek komeni da eskema eta **diagrama** bidez adieraztea: lerro **kronologikoa** egitea (Ishikawa diagrama, arrain itxurakoa).

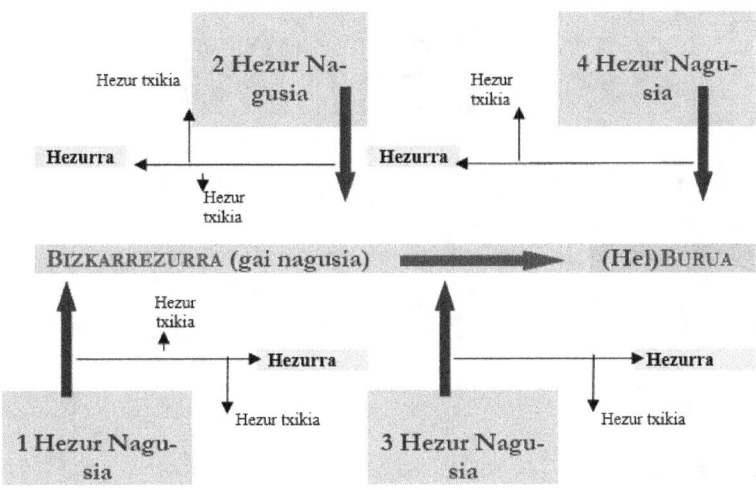

2. Subjektuen arteko erlazioak argitzea

(1) Ahaidetza, filiazioa, ezkontza

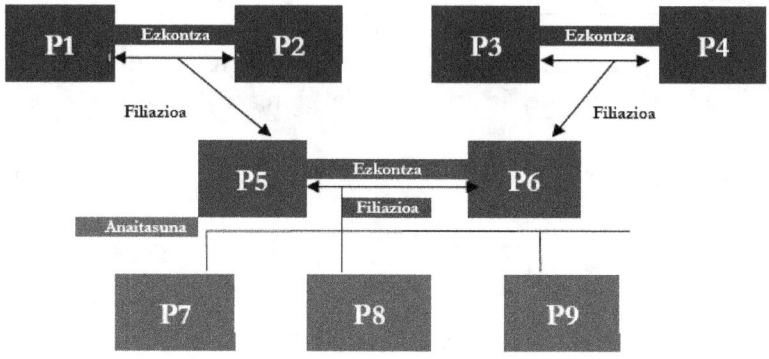

Filiazioa

Oinarria biologian, baina legez zehaztu beharrekoa.

Ezkontza

Legez burutu beharrekoa.

Ahaidetza

Filiazioz eta ezkontzaz sortzen den sarea.

(2) Eskubide pertsonala

	OBLIGAZIOA		
Sub- jektu juri- dikoa	Alderdi hartzekoduna (P1) (P2) ... (Pn) mankomunitatea / solidaritatea	Kreditua (eskubidea) → ahalmenak / zamak Objektua Prestazioa (portaera) ← Zorra (betebeharra) zamak / ahalmenak	Alderdi zorduna (P1) (P2) ... (Pn) mankomunitatea / solidaritatea	Sub- jektu juri- dikoa
	ERANTZUKIZUNA/BERMEA = baliarazteko akzioak		

(a) **Erlazio konplexua:**

- **Estatikan:** elementu **guztiak** banan-banan egiaztatu behar dira.

- **Dinamikan:** elementu bakoitza **alda** daiteke ondoren.

(b) **Ohiko arazoak:**

- **Iturria:** obligazioa nondik **sortu** da; bakarra da edo hainbat dira.

- **Alderdiak:** hartzekoduna (**bat edo anitz**) eta zorduna (bat edo anitz).

- **Prestazioa:** bete beharreko **portaera** zein da.

- **Osagarriak: baldintza, epea** eta **modua.**

- **Lotura:** beste obligazioren batekin **loturarik** ba al du.

- **Betetzea: nork, noiz, non** eta **nola.**

(3) Eskubide erreala

(a) Erlazio **sinplea:**

- **Estatikan:** elementu gutxi arazoa topatzeko.

- **Dinamikan:** elementuek ez dute aldatzeko joerarik.

(b) Ohiko **arazoak:**

- **Titularra:** nor da **edukitzailea** eta **jabea**.

- **Gauza:** zer da; **higiezina** bada, hedadura horizontala eta bertikala zehaztea.

- **Erlazioa:** eskubide erreala nola **eskuratu** da.

- **Eskubide erreala:** zein **ahalmenek** osatzen dute.

Eskemak egiten 53

(4) Oinordetza

Pausoz pauso burutu beharreko **prozesua**

ERREGISTRO ZIBILA	Heriotza-ziurtagiria	Azken boronadetari buruzko egintzen Erregistro Orokorreko Ziurtagiria
		Heriotza estaltzen den jakiteko Aseguru Erregistroko Ziurtagiria

OINORDETZA TITULUA	Oinordetza ituna		
	Testamentua	Aldebakarrekoa	
		Mankomunatua	
		Komisario bidezkoa	
	Jaraunsle deklarazioa	Notaritzan	
		Epaitegian	

INBENTARIOA	Aktiboa	Higiezinak
		Ibilgailuak
		Dirua, akzioak, baloreak
		Aseguruak
		Etxeko gauzak
		Balioespena
	Pasiboa	Hildakoaren zorrak
		Jarauntsiaren zorrak

BANATZEA	Banaketa-koadernoa	Dokumentu pribatua
		Dokumentu publikoa

ZERGAK	Oinordetza-zerga	Aldundia/Estatua
	Hiri higiezinek balioa gehitu izanaren zerga	Udala
	Hildakoaren errenta-zerga	Aldundia/Estatua

ONDASUNAK ESKURATZEA	Entrega	Edukitza kitatzea

Eremua zehaztea

Zuzenbide zibilean erlazio juridikoak, normalean (obligazio-zuzenbidean bereziki), bi alderdi ditu (zenbat subjektu beste kontu bat da). Beraz, komeni da beti bi alderdi horiek bereiztea, hala jokoan dauden interesak azaleratzen baitira.

Erlazioak bitan zatitu eta zati horien arteko harremanak zehaztu. Gero, zati bakoitzean dauden erlazioak ere zatitzen joan. Horretarako formulazio hau jarraitu daiteke: nork (alderdi 1) zer nahi du (pretentsioa), eta nori eskatzen dio (alderdi 2).

Ideiak ematea eta elkarren artean trukatzea

Ideia-jarioa: *brainstorming*

Arazoak zehazten eta aztertzen joan ahala, ideiak azaltzen joaten dira.

(a) Ezein ideia: burutazio guztiak jaso behar dira, zentzu gehiegirik ez dutenak ere bai: ikuspegi irekia izan behar da fase honetan.

(b) Idatzi: jasotzeko eta apuntatzeko, beti zerbait eskura eduki behar da.

(c) Teknikak: ideiak besterik gabe jaurtitzea, eztabaida, aurrez izandako esperientziak errepasatzea.

(d) Egitura: horrela lortutako ideien kaosa, ondoren, egituratu egin behar da.

VII. APLIKATZEN

> «*El estudiante de Derecho se ve asaltado a veces por la idea de que no se está ocupando de cosas sino de palabras, que se ocupa de la forma y el tamaño de las fichas de un juego de logomaquia. Peor cuando se da plena cuenta de cómo estas palabras han pasado y pasan por el dinero, no solo por tontos y para tontos, sino por y para los espíritus más agudos, el estudiante de Derecho recibe la impresión de que hay allí una tarea que merece ser hecha, siempre que se la haga con mérito*» (GRAY, John Chipman, 1909, *The nature and sources of the law*, The Columbia university press, New York, 7. orr.).

1. Azterketa juridikoa egiten

Ideiak **egituratu** ostean, **ordenamendu juridikoaren iragazkitik pasa** behar dira banan-banan.

(1) Gatazkak

Kasua **konplexua** denean, alegia, pertsona eta erlazio juridiko anitz badaude, orduan **binakako gatazkak** bereizi.

NORK-NORI-ZER eskema: Beti, norbaitek beste norbaiti zerbait eskatzen dio.

Azken batean, auzi judizialetan, demandatzailea eta demandatua daude.

(2) Arau juridikoak bilatu

Gogoratu zuzenbide zibileko iturriak (legea, ohitura, zuzenbideko printzipio orokorrak): araudia emana zaigu, ez dago sortu beharrik (epaileak ere ez). Normala da aplikatu beharreko araua zein den ez jakitea, ordenamenduaren egituran kokatu beharra izatea, edukia aztertu behar izatea, interpretazio arazoak topatzea. Intuizioak eta esperientziak asko laguntzen dute, baina horiek eskarmentuz (azterketa juridikoak behin eta berriz burutuz) eskuratzen dira.

(3) Betekizunak

Arauak eskatzen dituen ukanbeharrak alderatu eta egiaztatu. Betetzen al dira kasuari aplikatzeko?

(4) Ondorio juridikoak azaldu

Ondorio juridikorik baduten arazoak eta galderak bakarrik izango dute erantzun juridikoa. Kontuan izan, beraz, galdera orok baduela esanahi juridikoa (erantzun behar dena) eta esanahi praktikoa (interes eta ondorio ekonomiko-sozial-familiarrak).

Arauen eremuen diagrama

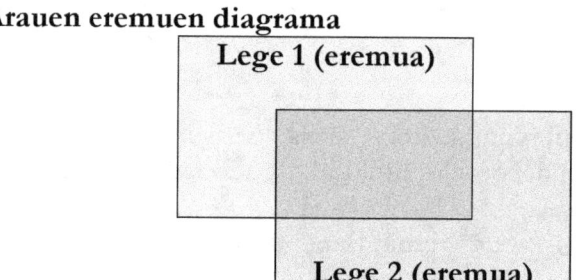

Ondorio juridikoen diagrama (prozesua)

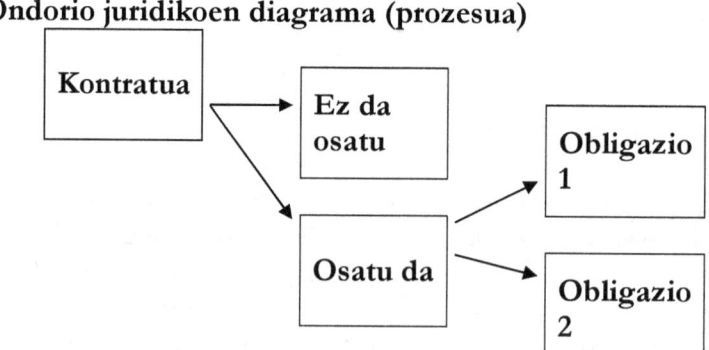

2. Argudiatzen

(1) Ideia nagusia

Babesten den interesaren edo jarreraren arabera, buruan izan behar da beti defendatu nahi den ideia. Horretarako, nabarmenarazi eta azpimarratuko dira interesekoak diren frogak (egitateak), arauak (oinarri juridikoak), epaiak (doktrina legalaren interpretazioak) eta iritziak (doktrina zientifikoa).

(2) Aurkako argudioak

Beti kontuan hartu behar dira aurkako argudioak, bereziki balioa kentzeko modua izanez gero, edo argudio propioen aurrean garrantzia murrizteko.

(3) Momentua

Defendatzen diren argudio nagusiak, eta baita aurkako argudioei kontra egitea, noiz azaldu oso garrantzitsua da eraginik sendoena izateko.

(4) Bereizi

Ideiak eta argudioak ondo bereizita eman: idatziz bada, lerroalde batean eta, ahoz bada, azpimarratuz aldaketak. Horrekin batera, argudio desberdinen arteko erlazioa lotura logikoarekin azaldu, koherentzia eta sistematizazioa azaleratuz.

(6) Bukaera

Argudiorik nagusiena azkenerako utzi beti, uste osoa eta sendoa sorrarazteko.

> **Kontuz:** aurka etorri daitezkeen egitateak edo inguruabarrak ez azaldu. Gogoratu: «hitzen morroi, isiltasunaren jabe».

VIII. IDAZTEN

> «Lo mejor es enemigo de lo bueno, y lo bueno enemigo de lo aceptable. Puesto a escribir, el autor ha de calibrar sus fuerzas y marcarse un nivel, objetivamente suficiente y subjetivamente proporcionado a ellas. Trato de expresarlo con números. Supongamos que la calidad máxima que puedo alcanzar en mi libro es de cien. Pues bien: si para alcanzar un índice de calidad de noventa son precisas diez horas, para lograr uno de noventa y nueve necesitaré cien, y para conseguir el de cien me harán falta mil horas. Quiero decir que se llega a un momento en el cual el incremento de la bondad del libro es lo bastante pequeño, y el incremento del dispendio de tiempo lo suficientemente grande, como para que no sea razonable proseguir. El perfectismo es tan vicioso como el yavalismo» (LACRUZ BERDEJO, 1964, *Anuario de Derecho Civil*, 647. orr.).

1. Elementuak

(1) Helburua

Komunikazioa, hau da, emaitza beste **norbaiti** azaldu behar zaio.

Kontuan izan idazkia **nori** zuzendua dagoen (eragile juridikoari, prestakuntza juridikorik baduenari, zuzenbideaz ezer ez dakienari, eta abar) eta **zergatik** irakurriko duen.

Estrategia gisa hirugarren batek **epaitu** behar duela pentsatuz gero, adierazi nahi dena oso egoki azaltzera joko da.

(2) Zer idatzi

Analisi juridikoa eman behar da.

Literaturako lan gisa ez da hartu behar, baina baliabide estilistikoak erabil daitezke komunikazio naturala, erraza eta arina lortzeko.

(3) Itxura formala

Idazkiak egileari buruzko irudia sorrarazten du. Horregatik zaindu behar dira modua eta edukia.

(a) Modua: argitasunez eta efikaziaz.

- Egoki, zuzen eta argi azaldu ere, hizkuntzaren erregelak errespetatuz.
- Formaren garrantzia: izenburuak, epigrafeak, letra mota eta tamaina, orriak zenbatu, eta abar.

(b) Edukia: idazkiaren mezua.

- Arrazonamendua eta logika.
- Argudioak eraiki: informazioa ematen da egitateak jasoz eta, arauen arabera, ondorio juridikoak gauzatuz .

(c) Egitura: idazkiaren hedadura neurtu behar da eta egituratu (aurkibidea).

- Azalpenaren helburua.
- Azalpenaren orden logikoa.
- Argudioak azpimarratu.
- Ideia nagusiak eta ondorioak laburtu: errepikatzeak ulertzen eta gogoratzen laguntzen du, baina gehiegikerian erori gabe.

2. Gomendioak

(1) Hitzak

- Sinpleenak aukeratu, konplexuak baztertuz.
- Nagusiak, esaldiaren hasieran jarri, osagarrik atzean utziz.

(2) Esaldiak

- Zehatzak eman, esanahi anitzekoak ez egiteko.
- Luze bat baino, bi esaldi labur errazago ulertzen dira.
- Boz aktikoan adierazi, boz pasiboan baino.
- Baiezko moduan eman, ezezkoan baino.
- Adiztuta erabili, egitura nominalizatua baino.
- Nahaspilarik ez egin.

(3) Ideiak

- Ideia ulergarriak adierazi, helburua ez baita inor harritzea eta txunditzea.
- Idatzitakoa berridatzi behin eta berriz, behar haina.

IX. HITZ EGITEN

1. Hitzaren indarra

Hitza hartzea eta erabiltzea eguneroko jarduna da hitz egiteko gaitasuna duen pertsonarentzat. Familian edo lagun artean, eta bereziki jendaurrean ideiak ondo adierazten badakienak, besteen aurrean **abantaila** eta norberarekiko **segurtasun pertsonala** lortzen ditu.

(1) Hitza baliatzea

Ondo hitz egin eta nahi den helburua lortzeak, aurrez prestatzea eta teknikak lantzea eskatzen du. Prestakuntza orokorra da, alegia, balio du edozein ingurunean hitz egiteko (epaitegian, klasean, hitzaldian, lagunekin eta abar) eta, eguneroko bizitzan baliatzen den kasu guztietan (hitz eginez), prestakuntza egiten da.

(2) Galderak

QUINTILIANOk «erretorika»-rako emandako **eskema** gogoan izan beti.

Quis	Nork	Emailea	Nork hitz egiten du
Cui	Nori	Jasotzailea	Nori zuzentzen zaio
Quid	Zer	Gaia	Zeri buruz ari da
Ubi	Non	Lekua	Non esaten du
Quibus Auxilis	Zerekin	Tresna	Zein laguntzaz adierazten du
Cur	Zergatik	Kausa	Zergatik hitz egiten du
Quomodo	Nola	Modua	Nola adierazten du
Quando	Noiz	Garaia	Noiz esaten du

(3) Irizpideak

Hitz egitea **emaitza** bat da, beraz aurretik badaude kontuan hartzeko elementuak:

(a) **Komunikazioa:** pertsonak berezkoa du komunikatzea.

(b) **Trukea:** gauzarik onenak eman eta jasotzen dira elkar harremanetan.

(c) **Fruitua:** adierazitako guztiak sortzen du bere fruitua.

(d) **Zentzua:** pertsonaren ezein jarduera bezala, ohiko zentzua baliatuko da.

(e) **Emankorra:** ideiak ugariak dira eta zer esateko asko izaten da.

(f) **Muga:** ezagutzen denaz mintzatu eta ezagutzen den puntu arte bakarrik.

(g) **Hizkuntza:** aberatsa da, hitzak soberan daude aukeratzeko eta erabiltzeko.

(h) **Isiltasuna:** hitza menperatzeko tresnarik nagusiena da isiltasuna, momentu oro gestionatzeko balio baitu.

(i) **Lasaitasuna:** hitzak poliki laztanduz esan behar dira.

(j) **Apaltasuna:** inor ez da inportanteagoa, ni ere ez naiz inportanteagoa.

(4) Printzipioak

Hitzaren bidezko komunikazioan parte hartzen du **buruak**, eta baita **bistak** eta **belarriak**, hizlariaren aldetik eta baita entzulearen aldetik. Faktore horiek kontuan izanda, hona hitz egiteko erregela nagusiak.

(a) Esaten dena:
- Lehenik pentsatu eta gero adierazi; alderantziz inoiz ez.
- Ideia eta esaldia etenik egin gabe beti bukatu eta borobildu.
- Esaldi laburrak eraiki.

(b) Ikusten dena:
- Zuzenean begiratu entzuleari.
- Keinuei askatasuna utzi, baina hitzaren nagusitasuna jan gabe.

(c) Entzuten dena:
- Isiltasunak erabili eta neurtu.
- Abiadura egokia baliatu.

2. Diskurtsoa

Ezein adierazpen egiten denean, diskurtsoa ematen da.

(1) Esaldiak

Diskurtsoa esaldiek osatzen dute eta esaldia, aldi berean, **nork/zer/nori** egiturak osatzen du.

(2) Egitura

Diskurtsoa da ideia **hiru aldiz adieraztea**:
(a) Sarrera: esango dena aurreratu.

(b) **Garapena:** esan azalpenekin.
(c) **Ondorioa:** esan dena gogorarazi.

(3) Gidoia

Esango dena prestatzeko **metodo** hau jarraitzen da:
(a) **Helburua:** nora iritsi nahi den hasieratik jakin (bertsolariek berdin egiten dute).
(b) **Ideiak:** ideia mordo bat erauntsi.
(c) **Aukera:** ideietatik batzuk hartu eta antolatu.
(d) **Sakondu:** ideia bakoitza aztertu eta oinarriak jarri.
(e) **Sarrera:** ideiak gizartean duen garrantzia azpimarratu
(f) **Ondorioa:** adierazi nahi den iritzia argi utzi
(g) **Titulua:** hainbat titulu pentsatu, bat aukeratzeko.

(4) Modua

Adierazteko modua erabaki behar da:
(a) **Irakurri:** diskurtsoa idatzi eta irakurri, baina komunikatuz.
(b) **Eskema:** diskurtsoa esan egiten da, baina idatziz daude ideia nagusienak.
(c) **Inprobisazioa:** diskurtsoa momentuan osatzen da.

(5) Entsegua

Diskurtsoa aurrez prestatzen denean, probak egin behar dira:
(a) **Hitzak:** ondo aukeratu.
(b) **Esaldiak:** aldaketak eta erritmoa markatu.
(c) **Ispilua:** begirada eta keinuak zaindu.
(d) **Grabatu:** behin eta berriz entzunez hobetzeko.

(6) Jendaurrean

Entzulea ez da arerioa ez eta otsoa:
(a) **Ez adierazi:** hizlariaren gaitasuna eta prestakuntzari buruzko barkamenik.
(b) **Adierazi:** ustez gutxien dakienari eta urrutien dagoenari hitz eginez.

3. Mahai-ingurua edo hizketaldia

Zentzuzko **erregelak** errespetatu behar dira:

(1) Portaera

Errespetoa eta tolerantzia guztiaren gainetik.

(2) Estrategia

Beti pazientzia izan, eta ez hartu itxi-itxian jarrera erasokorrik edo defentsiborik.

(3) Parte hartzea

Entzuten jakin eta, hitz egin aurretik eta bitartean, isiluneak baliatu, gero ideia argi eta zuzen emanez.

(4) Zirriborroa

Besteen ideiak paperean apuntatu eta eskemak egin.

(5) Elkarrizketa

Ideiak trukatzea, hizketa bidez, elkarren arteko jarduera da eta, ondorioz, parte hartzaileek beren borondatez onartu behar dute jardun irekia.

(6) Irizpideak

Egian, arrazoi funtsatuan eta zientzian oinarritutako hizketaldietan bakarrik parte hartu.

(7) Iritzia

Behin-behinekotasun kutsu edo azaleko zalantza batekin adierazi beti iritzia, egia oso-osoa "jainkoak" bakarrik baitu.

4. Bilerak

Lanerako egiten badira, errespetatu erregelak:

(1) Garaiz ibiltzea

Bilera hasteko eta bukatzeko orduak bete.

(2) Eguneko ordena

Aurrez jakin behar da zertarako den bilera eta, kasuan, erabakiak hartzeko dokumentazioa edo azalpenak ere lehenago eman.

(3) Kontrola

Bileran norbait **jarburu** da parte hartzeak neurtzeko, eta beste norbait **idazkaria** da hartzen diren erabakiak jasotzeko.

(4) Taldeak ez egin

Lan-bilera bada, kide bakoitzak bere iritzia eman eta izan behar du (norberaren izenean aritzea), eta iritzi-blokeak ez dira sortu behar.

(5) Erabakiak

Hartutako erabakiak praktikara eman behar direnez, lana bere gain nork hartzen duen ere erabaki eta argi utzi behar da.

5. Agertokia

Lekua ere ezagutu behar da etxean bezain gustura egoteko:

(1) Egitura

Lokalak (bereziki komunak) non dauden eta parte hartzeko tokia (mahaia, eserlekua, ikuspegia, argia, airea) egokia den.

(2) Tresnak

Erabiltzen edo erabiliko diren tresnak (mikrofonoa, proiektorea, pantaila) aurrez probatu behar dira.

EREDUAK

I. ZUZENBIDE ZIBILEKO ESKEMA OROKORRAK

1. Gizartea

Gizakia	+ Gizartean	= Pertsona	
Ondarea	Baliabideak banatzea	**bizirik irauteko**	NATURAko legea
Familia	Beste norbaitekin	**ugaltzeko**	

GIZARTEAren legea: zuzenbidea (tresna)	= antolatzeko		Eskubidea
ESKUBIDEA gizakiaren soberania-eremua	TITULARITATEA baliatu - defendatu →		SUBJEKTUA **pertsona**
PERTSONA vs. GAUZAK	Animaliak	Higigarriak	Higiezinak

2. Zuzenbidea

Ikuspegi objektiboa Arau multzoa: ZUZENBIDEA	Ikuspegi subjektiboa «Eskubidea»

		ZUZENBIDE PUBLIKOA		ZUZENBIDE PRIBATUA
BEREIZI		Botere publikoa	*Subjektuak*	Partikularrak
		Zerbitzu publikoa	*Objektua*	Interes pribatuak
		Mendekotasuna	*Erlazioa*	Berdintasuna
		Derrigorrezkoak	*Arauen izaera*	Xedapenezkoak
ADARRAK		Konstituzionala Administratiboa Prozesala Penala Fiskala Nazioartekoa		Zibila Merkataritza Laborala

3. Harremanak

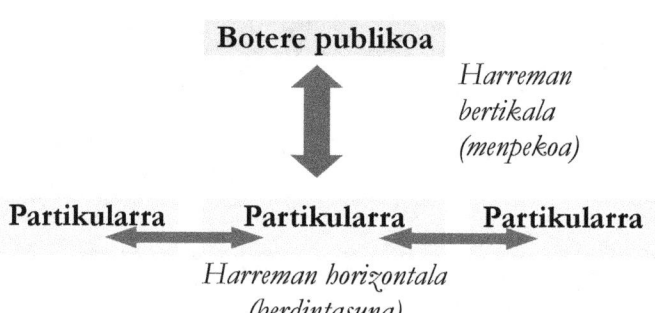

Botere publikoa

Harreman bertikala (menpekoa)

Partikularra ← Partikularra → Partikularra

Harreman horizontala (berdintasuna)

Mikel Mari KARRERA EGIALDE

4. Zuzenbide zibila

PERTSONA	ONDAREA	
GIZABANAKOA	ESTATIKA	DINAMIKA
Eskubide txit pertsonala	*Eskubide erreala*	*Eskubide pertsonala*

FAMILIA	Ezkontza	OINORDETZA	Borondatezkoa	
			Legez	Nahitaezkoa (seniparteak)
	Filiazioa			Borondaterik egon ezean

5. Errealitateko gertaerak eta egitateak

Juridikoki garrantzirik gabe		*Juridikoki garrantzirik badu*	
		EGITATE JURIDIKOA	
		Borondatezkoa (egiteko)	
		EGINTZA JURIDIKOA	
	Naturala	Egintza juridikoa esanahi hertsian	Borondatezko deklarazioa (eraginak zehazteko) NEGOZIO JURIDIKOA

6. Ondarearen dinamika (obligazioak): eskubide pertsonala

(1) Funtzioa

ATOMOA	Atomoak lotuz	MOLEKULA
Elementu komunak Ezaugarri desberdinak	Elementu-mota	Materialak sortu
FUNTZIONAMENDU ANTZEKOA		
OBLIGAZIOA	Obligazioak lotuz	NEGOZIO JURI-DIKOA
Elementu komunak Ezaugarri desberdinak	Obligazio-mota	Tresna juridikoak sortu

(2) Dinamika

(a) Obligazioa sortu al da? Nondik eta nola sortu da? Banan-banan zehaztu

OBLIGAZIOEN ITURRIAK	
KODE ZIBILA (KZ 1089)	Legea
	Kontratua
	Kuasi-kontratua
	Delitua
	Kuasi-delitua: erantzukizun zibila
BESTEAK	Aldebakarreko borondatea (*ohitura*)
	Bidegabeki aberastea (*zuzenbideko printzipio orokorra*)

(b) Zein ezaugarri ditu obligazioak?
Obligazio bakoitza banan-banan aztertu

OBLIGAZIO BAKOITZA AZTERTZEKO	
Azterketa estatikoa (elementuak)	*Azterketa dinamikoa (bizitza)*

ESTATIKA

HARTZEKODUNA	Zehaztu	Izenez edo	Irizpidez
	Gaitasuna		
	Kopurua		

ZORDUNA	Zehaztu	Izenez edo	Irizpidez
	Gaitasuna		
	Kopurua		

OBJEKTUA	Posible izatea		
	Zilegia		
	Zehaztea	Zehaztua	Irizpide bidez
	Ondarekoa		*Objektiboa/Subjektiboa*

IZAERA	Barneko lotura *Egitura*	Objektua	Positiboa/Negatiboa
			Espezifikoa/Generikoa
			Zatigarria/Zatiezina
			Bateragarria
			Alternatiboa
			Ahalmenezkoa
			DIRUZKOA
		Subjektu anitz	Mankomunatuak
			Solidarioak
		Efikazia	Epea
			Baldintza
			Modua
	Kanpoko lotura *Besteekiko*	ELKARKARIA	
		Akzesorioa	
		Subsidiarioa	

DIRUZKO OBLIGAZIOA			
NAGUSIA	**Kapitala**	Zehaztea	
		Egonkortzea	
+			
AKZESORIOA	**Interesak**	Hitzartuak	*Ordaintzailea*
			Berandutzakoa
		Legezkoak	*Ordaintzailea (konpensatzailea)*
			Berandutzakoa

DINAMIKA

ALDATZEA	Subjektua	Hartzekoduna	Kreditua lagatzea	
			Kredituan subrogatzea	
		Zorduna	Zorra transmititzea	
	Objektua	Prestazioa		
		Inguruabarrak	Lekua	
			Epea	
			Baldintzak	
			Modua	
BETETZEA	Subjektuak	*Solvens*	Zorduna	
			Hirugarrena	
		Accipiens	Hartzekoduna	
			Hirugarrena	
	Modua	**Arrunta**	Objektua	
			Lekua	
			Garaia	
		Berezia	Obligazioak konpentsatzea	
			Ondasunak lagatuz ordaintzea	
			Ordaintzeko zerbait ematea	
			Ordainketa kontsignatzea	

EZ BETETZEA	Prestazioa ez bete	Erabatekoa	Objektua desagertu/suntsitu
			Interesa jada ezin ase
		Akasduna	Zehaztutakoa ez betetzea
			Garaiz kanpo
	Zordunari	Egotzi	Doloa
			Errua
		Ezin egotzi	Ustekabeko kasua
	Berandutza	Hartzekodunarena	
		Zordunarena	

Berandutza			
Ezinezkoa ←			Posible bada
	EPEA	Gerora	*BERANDUTZA*
Interesa ez asetu ←			Interesa asetzen bada

Berandutza = obligazioa bete + kalte-galerak + beste efektuak (emateko eta egiteko obligazioan)

IRAUNGITZEA	Obligazioa bete izana
	Eratorritako ezintasuna
	Alde biak ados jartzea
	Alda bakarrak denuntziatzea
	Barkatzea
	Bi alderdietan pertsona berdina egotea (konfusioa)

(c) Obligazioak, babes orokorraz gain, babes berezirik ba al du?

	BERMEAK	
Pertsonalak	Norberaren ondarea	Oraingoa eta etorkizunekoa
	Besteren ondarea	Fidantza kontratua
Errealak	Hitzartutako pena	Ordezkatzailea
		Metatzailea
	Erretenitzeko eskubidea	
	Erresak	Baieztatzeko
		Damutzeko
		Pena gisa
Akzioak	Zeharkakoa	
	Zuzenekoa	
	Errebokatzailea	
Prelazioa	Lehentasuna	

(d) Obligazio-iturri nagusiak praktikan

KONTRATUAREN ELEMENTUAK			
Oinarrizkoak	Adostasuna (askatasuna)	Gaitasuna	
		Akatsa	Errakuntza
	Objektua		Indarkeria
	Kausa		Beldurraraztea
	Forma		Doloa
Naturalak	Klausula normalak = edukia aztertu (kalifikazioa)		
Akzidentalak	Baldintza		
	Epea		
	Modua		

KONTUZ!

Bereizi erlazio juridikoak: APARTE AZTERTU	
Kontratu-erlazioa (obligazio-iturria)	Obligazio-erlazioa
Esaterako Kontratua: salerosketa	Obligazio 1 = Gauza entregatzea
	Obligazio 2 = Dirua entregatzea
	Obligazio 3 ...

Erantzukizun zibila

EGITATEA		
Kausa	Kausalitate erlazioa	Kaltea
Nork (portaera)		Norbaiti: materiala edota morala
Zerk (gauza)	Egotzi	Zerbaiti: materiala
Ondorioa		
Erantzulea	Obligazioa sortu	Kaltea berdintzeko obligazioa
		Ordaina (konpondu)
		Konpentsazioa (dirutan)

7. Eskubide errealen arteko erlazioak

JABETZA	FROGATU	MUGA
Ahalmen 1	Eskubide erreal mugatua 1	Edukia: Ahalmen jakinak
Ahalmen 2	Eskubide erreal mugatua 2	Denbora: Aldi baterako
Ahalmen 3	Eskubide erreal mugatua 3	
Ahalmen 4		
Ahalmen 5	*Bateragarritasuna*	
Ahalmen n		
GAUZA		

II. EPAIA EMAN EDO KOMENTATZEKO EREDU BAT

Abiapuntua

Kongruentzia
Epaiak badu berezko **muga**: eskatutakoari erantzun behar dio.

Izenak
Datu-pertsonalak babesteari buruzko eraentza betez, argitaratzen diren epaiek fikziozko izenak erabiltzen dituzte. Horregatik **kontuz**: kasu berberean, instantziako epaietako eta goragokoan emandako epaietako izenak desberdinak dira.

Epaiaren egitura: eredua

Bilatu AGE 2002.10.28 (ROJ STS 7119/2002): Francisco MARÍN CASTÁN
Zuzenbideko oinarriak bost atal ditu:
- **Lehena:** Kasuko kasazio-errekurtsoari buruz.
- **Bigarrena:** Egitateei buruz.
- **Hirugarrena:** Oinarrizko azalpen juridikoak.
- **Laugarrena:** Auzitegiaren erantzuna.
  Bosgarrena: Konponbidearen arrazoiak.

Epaien azterketa

Zuzenbide zibileko kasuen azterketak irakurtzeko, **eredugarri** da aldizkari hau: *Cuadernos Cívitas de Jurisprudencia Civil*.

Epaia irakurtzeko eta ulertzeko eredu bat

(1) Pausoz pauso betetzen joateko eskema

	LEHENIK
	ZERTAN ARI Lanari buruzko datuak
Lekua	
Data	
Egilea	
Gaia	
Epaia	Epaiari buruzko datuak
	BIGARRENIK
	IRAKURRI Hitz guztiak ulertu
Ohiko hitza	RAEren hiztegia
Termino juridikoa	Hiztegi juridikoa Definizioa legean, interpretazio ofizialean, jurisprudentzian

	HIRUGARRENIK	
	PERTSONAK Kasuan agertzen diren interesatuak	
Izena	Auzotartasun zibila	Gaitasuna

LAUGARRENIK	
ERLAZIO JURIDIKOAK Pertsonen arteko harremanak	
Pertsonen arteko erlazioak	Erlazioen izaera
	Ondareko erlazioa **obligazioa / eskubide erreala**
	Ezkontza / Filiazioa / Ahaidetasuna **Oinordetza** (jaraunslea, legatuduna)
Eskematizatu: erlazio guztiak marraztu	
A ←→ B	

		BOSGARRENIK			
		MARRA KRONOLOGIKOA			
Egitatea	Froga	Eraentza juridikoa	Ondorio juridikoa	Arazoa	Jarrerak
Data Zer					

UPV/EHU - 2018

(2) Epaia eta iruzkinak azaldu idatziz

Iruzkinak idatziz garatzeko eskema

Sarrera
    Arazoa
    Eragin soziala: kuantitatiboa eta kualitatiboa
    Azterketaren egitura
Kontzeptuak
    Erakunde juridikoak
    Eraentza juridikoa
Eztabaidaren gaia
    Iruzkin doktrinalak
    Jurisprudentzia
Ondorioak
    Jarrera pertsonalak
    Proposamenak

Epaiaren ondorioak

Lotura	Erabakitako kasuarekin	Erabakitako beste kasuekin	Erabaki beharreko beste kasuekin
Efikazia	Eratzailea alderdientzat	Loteslea goiko auzitegiekin	Denborazkoa Atzera: kasua berriz ezin epaitu Aurrera: espektatiba

III. KASUEN ANALISIAK: ADIBIDEAK

1. Eskubide txit pertsonalak

Lehen kasua

GURASO BOTEREA
Administrazioaren kontuak ematea eta emantzipazioa
Balear Irletako Probintzia Audientzia (4. Sekzioa)
Epaia 2010.09.07 (ROJ SAP IB 1669/2010)

Pertsonak eta harremanak

(†) Maria	*ezkontza?*	Florencio
oinordeko	*filiazioa*	
	Camino	

Egitateak

< 1987 **Ezkontza:** Maria eta Florencio ezkontzen dira.
1987.01.23 **Umea izan:** Camino jaiotzen da: Maria eta Florencio dira gurasoak.
tartean **Lan istripua Mariak:** Kalte-ordaina jasotzeko eskubidea.
1993.07.01 **Testamentua Mariak:** Herentziako ondasunen **administratzaile** Florencio izendatzen da. **Muga:** xedatzeko debekua, ez bada Caminoren alde edo behar larriagatik.
1993.07.12 **Maria hil:** Ondasuna (eskubidea): lan-istripuagatik zegokion kalte-ordaina.
Ondoren, Camino bere aitaren etxera joaten da bizitzera eta hari dagokion umezurtz-pentsioa kobratzen hasten da Florencio.

2002.07.25   **Gurasoaren etxetik alde egin Caminok:** Borondatez joaten da bere bikotearekin bizitzera, 15 urte bakarrik izanik.
2002.08.01   **Giza Zerbitzuei berri eman Florenciok:** Adierazpenak: (1) Camino etxera bueltatzea ez duela behartuko; (2) Zaintza-etxe batean sartzea onartuko lukeela; (3) Emantzipazioa emango diola 16 urte betetzean.
2003.01.23   **Emantzipatzeko adina:** Caminok, 16 urte betetzean, etxetik kanpo bizitzen jarraitzen du aitaren adostasunarekin.
2005.01.23   **Adin nagusia:** Caminok 18 urte betetzen ditu. Caminori zegokion umezurtz-pentsioa kobratzen jarraitu du Florenciok oraindaino.
2007.04.--   **Kontuak emateko eskaera:** Kontuak eskatzen dizkio Caminok Florenciori.

Arazo juridikoa

(1) Eraentza orokorra

Besteren ondasunak administratzen dituen pertsona orok, kontuak eman behar dizkio ondasun horien titularrari: «*Todo mandatario está obligado a dar cuenta de sus operaciones y a abonar al mandante cuanto haya recibido en virtud del mandato, aun cuando lo recibido no se debiera al segundo*» (KZ 1720).

(2) Eraentza berezia

Guraso boterea amaitzean, umeak, hala nahi izanez gero, bere gurasoei haren ondasunen administrazioari buruzko kontuak eska diezaieke: «*Al término de la patria potestad podrán los hijos exigir a los padres la rendición de cuentas de la administración que ejercieron sobre sus bienes hasta entonces. La acción para exigir el cumplimiento de esta obligación prescribirá a los tres años*» (KZ 168).

(3) Epea

Eskaera egiteko epea ezartzen da, izaeraz **preskripziozkoa**: **hiru urte**. Kasuan eztabaidatzen dute **noiz hasi kontatzen**: (a) 16 urte bete zituenean; edo (b) 18 urte bete zituenean. Lehenengo data hartuz gero, eskaera egiteko epea jadanik pasa (**preskribatu**) da; ordea, bigarrena abiapuntutzat jarriz, eskaera epe barruan egin da.

Oinarri juridikoa

(1) Guraso boterea amaitzea

Kontatzen hasteko data da «guraso-boterea amaitzen» den eguna: *Al término de la patria potestad* (KZ 168).

(a) Moduak: Besteak beste, guraso-boterea emantzipazioz amaitzen da: *La patria potestad se acaba: 2º Por la emancipación* (KZ 169).

(b) Emantzipazioa: Modu desberdinetan ematen da: *La emancipación tiene lugar: 1º Por la mayor edad. 2º Por el matrimonio del menor. 3º Por concesión de los que ejerzan la patria potestad. 4º Por concesión judicial* (KZ 314).

(c) Emantzipazio berezia: Familia-etxetik arteratzeak ere emantzipazioa badakar: *Se reputará para todos los efectos como emancipado al hijo mayor de dieciséis años que con el consentimiento de los padres viviere independientemente de éstos. Los padres podrán revocar este consentimiento* (KZ 319).

(2) Ustezko emantzipazioa

Emantzipazioa eman dela uste izan dezake gurasoak hala ez izan arren.

(a) Emantzipatzeko borondatea: Aitak adierazi du emantzipatzeko borondatea baina:
- Ez du araututako prozedura jarraitu: *Para que tenga lugar la emancipación por concesión de quienes ejerzan la patria potestad se re-*

quiere que el menor tenga dieciséis años cumplidos y que la consienta. Esta emancipación se otorgará por escritura pública o por comparecencia ante el Juez encargado del Registro (KZ 317).

- Guraso-boterea baliatzen jarraitu du, umezurtz-pentsioa bere menpekoaren izenean kobratu baitu; hain zuzen ere, emantzipatzeak portaera hori etengo luke. Arau gisa, zuzenbideko printzipio orokor bat aplikatzen da: inor ezin da bere egintzen aurka joan (*venire contra factum proprium non valet*). Ondorioa prozesala du: judizioan ezin du portaera aldatu eta kontrakoa alegatu (esaterako AGE 2007.03.27: ROJ STS 1780/2007).

(b) Egitatezko emantzipazioa: Berezitasuna da egitatezko egoera: formalki edo ofizialki egiaztatu gabea. Juridikoki emantzipatu gabe familia-etxetik bizitzeak ez ditu emantzipazioaren ondorio juridiko guztiak sortzen, ez baita benetako emantzipazio juridikoa eta gurasoek, edozein momentuan, egitatezko adostasuna atzera bota eta behartu dezakete umea etxera bueltatzea. Arauaren aurrekaria (1981. urtean derogatutako KZ 160) kontuan hartuz, adingabearen gaitasuna zabaltzen da baina guraso boterepean jarraituz, benetako emantzipaziorik gabe. Beraz, zalantza egonik ea kontuak eskatzeko epea egitatezko emantzipazioak abiarazten duen edo ez, adingabearen interesen aldeko joera (zuzenbideko printzipio orokorra) baliatu behar da: *la generalización del interés superior del menor como principio inspirador de todas las actuaciones relacionadas con aquél* (LO 1/1996). Ondorioz, benetako emantzipazio juridikoa gertatu arte ez da hasten kontuak eskatzeko eskubidearen epea.

(3) Epea

Izaeraz preskripziozkoa da, kaduzitatezkoa ez.

(a) Hitzez hitzeko interpretazioa: arauak **argi** esaten du (*la acción prescribirá*) eta ez dago beste interpretaziorik egin beharrik (*in claris non fit interpretatio*).

(b) Gainera, **interpretazioa** egin beharko balitz ere, preskripzioaren aldekoa izan beharko luke. Zergatik? Eskubidea baliatzeko aukera murrizten du epea jartzeak, eta eskubide-murrizketa oro, zentzu hertsian interpretatu behar da, alegia, eskubidea baliatzeko aukera gehien ematen dituen interpretazioa (eskubidea gutxien estutzen duena) hartu behar da. Bietatik, kaduzitateak eskubidea baliatzeko aukera gehiago estutzen du preskripzioak baino, kaduzitatean hiru urte pasa eta kitto izango bailitzateke, eta preskripzioan berriz kontatzen hasteko aukerarik egongo bailitzateke. Beraz, arauaren interpretazio hertsiak ere preskripzioaren alde jokatzen du.

(4) Beste argudioak

Epaian agertu ez, baina eraiki daitezkeen beste argumentazio-bideak.

(a) Aitaren aldekoa: Emantzipatzeko 314. artikuluan aurreikusten diren bideak, kanpo-harremanetan egin daitezkeen egintzak babesteko dira; hain zuzen, horregatik dokumentu publikoan jaso (adin nagusitasuna izan ezik, egitate naturala delako) eta Erregistro Zibilean jendarteratu edo publikatzen dira. Horrela, hirugarrenei segurtasun juridikoa ematen zaie adingabeko gaitasunari buruz. Aldiz, egitatezko emantzipazioak guraso eta umearen arteko barne-harremanean du eragina. Bi eremu horiek bereizten badira, arazoa da ea gurasoa kumeari kontuak ematea barne-harremaneko gaia den edo kanpo-harremanen eremuan txertatzen den. Barne-harremanen erlazioan argi dago aitaren eta alabaren portaeran emantzipazioa onartu dela; eta kontuak ematea eremu horretakoa bada, eragin horretarako hamasei urterekin emantzipatu da alaba.

(b) Alabaren aldekoa: Aitak emantzipazioa eman badio alabari, ondarea administratzeko aukera ere eman behar dio, ezin baita ulertu emantzipazioa administratzeko ahalmenak eskuratu gabe. Horregatik, aitak ez badio alabari administratzeko ahalmenik pasa, ez dio benetako emantzipaziorik ere eman, gauzak direna baitira eta ez adierazten dena.

(c) Epea: Borondatez eskubideak baliatzeko epe bat jartzearen arrazoia segurtasun juridikoa bermatzea da, borondatezko aukeraz gabetzeraino santzio zibil gisa. Kontuak eskatzeko aukera ezartzen denean ere, segurtasunak eskatzen du epea finkoa izatea.

Bigarren kasua

IRUDI ETA INTIMITATE ESKUBIDEA
Martina Klein kasua
AGE 2010.05.24 (ROJ STS 3268/2010)

Pertsonak eta harremanak

Bikotea	←——→	Interviú aldizkaria
Martina Klein (modeloa)	Harremanik ez	Ediciones Zeta S.A. (paperean)
Álex de la Nuez (abeslaria)		Zeta Digital S.L. (interneten)

Egitateak

< 2003   Martina Klein, lanbidez, modelo famatua da, eta gainera telebistako aurkezlea eta humoregile ezaguna eta ospetsua.

< 2003   Álex de la Nuez, lanbidez, musikagile eta konpositore ezaguna da, entzute handia izandako hainbat musika-taldetan ibilia.

2003   Bikotea, oso aparte dagoen hondartza batean dago, mutila biluzik eta neska toplessean. Paparazzi batek, urrutitik eta baimenik gabe, argazkiak ateratzen dizkie. Argazkigileak Grupo Zetari saltzen dizkio argazkiak.

uztaila   Argazkiak enpresa-taldeko aldizkarietan argitaratzen dira.

Gero, neskaren argazkiak interneten zabaltzen dira, besteak beste pornografiako web orrietan.

Arazo juridikoa

Pertsona famatua izateak, haren zenbait eskubide txit pertsonal ñabartzea ekartzen du. Lanbidea jendaurrean egiten duenez eta jendearengana iristeko asmoz gainera, bere irudi-eskubidea eta intimitate-eskubidea pertsona arrunt batek baino modu lausoagoan baliarazten ditu. Horregatik, zehaztu behar da zein inguruabarretan pertsona horrek bere eskubide horiek baliarazi ditzakeen.

Oinarri juridikoa

(1) Hondartza

Izaeraz leku publikoa da (EK 132.2) eta, beraz, bertara joateko mugarik ez dago. Orain, erabilerari begira, hondartza guztiak ez dira berdinak: hiriko hondartza, aparte dagoen hondartza, senaia (kala), biluzik ibiltzeko xedez izendatutakoa. Erabilpenari buruzko erregimen desberdina izan dezakete: ordenantza bidez edo ohituraz. Bestalde, ingurumenari buruzko legediak babestutakoa ere izan daiteke.

(2) Argazkiak ateratzea

Leku publikoetan irudiak hartu daitezke, baina besteren eskubideak errespetatuz: pertsonaren eskubide txit pertsonalak (Ohore, Intimitate eta Irudiaren babeserako Lege Organikoa) eta besteren jabetza intelektuala (Jabetza Intelektualari buruzko Legea). Beste edonork bezala, lanbidez paparazzi den pertsonak ere muga horiek errespetatu behar ditu.

(3) Argazkiak saltzea

Argazkiz hartutako irudiak, argazkigilearenak dira (Jabetza Intelektualari buruzko Legea, 128). Baina horien gaineko jabetza intelektuala aitortzeko, modu zilegian hartua izatea eskatzen du legeak; legea urratuz hartzen diren argazkien gaineko eskubiderik ez da aitortzen (KZ 1255; esaterako, muturreko adibide batean, pedofiliaz egindako argazkiak). Horrekin bat, merkataritzan egon daitezkeen objektuak ere zilegiak izatea eskatzen da (KZ 1271.3). Beraz, argazkiaren gaineko jabetza-eskubidea legeak aitortzen du eta, ondorioz, salerosketa-kontratuaren objektu izan daiteke, baina beti ere modu zilegian (legearen eta gizarteko moralaren arabera) ateratakoa bada.

(4) Argazkiak argitaratzea

Argazkiak zilegiak badira, horiek ustiatzeko eskubideak dituenak (jabeak edo, lagatu zaizkiolako, hirugarren batek) argitara ditzake. Legean xedaturikoari dagokionez, hau da obra bat **zabaltzea**: hura zeinahi formatan adieraztea, publikoak egilearen adostasunez hartara lehen aldiz irispidea izateko moduan; eta hau, berriz, **argitaratzea**: publikoaren beharrak (obraren izaera eta helburuen arabera balioetsiak) modu arrazoizkoan aseko dituen ale kopuru bat haren eskura jarriz obra zabaltzea (Jabetza Intelektualari buruzko Legeko 4. art.).

(5) Babestutako interesak

(a) **Irudi- eta intimitate-eskubideak:** EKko 18. artikuluak eskubide hauek aitortzen ditu: Bermatzen da ohorerako eskubidea, norberaren eta familiaren intimitaterako eskubidea eta norberaren irudirako eskubidea. Oinarrizko eskubidea izanik, Lege Organikoz arautzen da: LO 1/1982. Pertsona bakoitzaren interes partikularra babesten da.

(b) **Informatzeko eskubidea:** EKko 20. artikuluak eskubide hau aitortzen du: edozein hedabidetatik informazio egiazkoa libreki komunikatzea edo jasotzea. Egiazkotasuna defendatzeko, zuzentzeko eskubidea aitortzen da Lege Organikoz: LO 2/1984. Gizartearen informazio-interesa babesten da: informatzeko interesa (komunikabideena) eta informatua egoteko interesa (partikular guztiena). Eremu honetan, kontuan izan hedabidearen informatzeko interesa ez dela nahastu behar bere interes ekonomikoarekin: argi dago enpresa orok interes ekonomikoa baduela eta helburu horrekin jardun dela. Orain, enpresaren interes ekonomikoa (diru-interes hutsa) ez da babestua dagoen funtsezko eskubidea.

(6) Eraentza juridikoa

(a) Intimitatearen eta irudiaren babesa: *Uno. La protección civil del honor, de la intimidad y de la propia imagen quedará delimitada por las leyes y por los usos sociales atendiendo al ámbito que, por sus propios actos, mantenga cada persona reservado para sí misma o su familia. Dos. No se apreciará la existencia de intromisión ilegítima en el ámbito protegido cuando estuviere expresamente autorizada por ley o cuando el titular del derecho hubiese otorgado al efecto su* **consentimiento expreso**. *Tres. El consentimiento a que se refiere el párrafo anterior será revocable en cualquier momento, pero habrán de indemnizarse en su caso, los daños y perjuicios causados, incluyendo en ellos las expectativas justificadas* (Legeko 2. art.).

(b) Zilegiak ez diren portaerak: *Tendrán la consideración de intromisiones ilegítimas en el ámbito de protección delimitado por el artículo segundo de esta Ley: (...) Cinco. La captación, reproducción o publicación por fotografía, filme, o cualquier otro procedimiento, de la imagen de una persona en* **lugares o momentos de su vida privada o fuera de ellos**, *salvo los casos previstos en el artículo octavo, dos* (Legeko 7. art.).

(c) Salbuespen orokorra: *Uno. No se reputará, con carácter general, intromisiones ilegítimas las actuacionesa utorizadas o acordadas por la Autoridad competente de acuerdo con la ley, ni cuando predomine un* **interés** *histórico, científico o cultural* **relevante** (Legeko 8.1 art.). Kasua salbuespen orokor horretan ez da sartren, hurrengo salbuespen bereziak arautzen baitu; baina erabiltzen duen irizpidea (interes nabaria) baliagarria izan daiteke interpretaziorako.

(d) Salbuespen berezia: Eraentza berezia ezartzen da lanbidearen arabera: *En particular, el derecho a la propia imagen no impedirá: a) Su captación, reproducción o publicación por cualquier medio cuando se trate de personas que ejerzan un cargo público o una* **profesión de notoriedad o proyección pública** *y la imagen se capte durante un acto público o* **en lugares abiertos al público** (Legeko 8.2 art.). Irudi-eskubidea zer den Auzitegi Konstituzionalak zehaztu du hainbat epaietan (AKEE 81/2001, 72/2007 eta 158/2009).

(e) **Babes-erabakiak eta kaltea:** *Dos. La tutela judicial comprenderá la adopción de todas las medidas necesarias para poner fin a la intromisión ilegítima de que se trate y restablecer al perjudicado en el pleno disfrute de sus derechos, así como para* **prevenir o impedir** *intromisiones ulteriores. Entre dichas medidas podrán incluirse las cautelares encaminadas al* **cese** *inmediato de la intromisión ilegítima, así como el reconocimiento del derecho a replicar, la* **difusión de la sentencia** *y la condena a* **indemnizar** *los perjuicios causados. Tres. La existencia de perjuicio se presumirá siempre que se acredite la intromisión ilegítima. La indemnización se extenderá al daño moral que se valorará atendiendo a las circunstancias del caso y a la gravedad de la lesión efectivamente producida, para lo que se tendrá en cuenta en su caso, la difusión o audiencia del medio a través del que se haya producido. También se valorará el beneficio que haya obtenido el causante de la lesión como consecuencia de la misma* (Legeko 9. art.). Arau horren aplikazioa aztertzeko, alderatu daitezke haren edukia, bikoteak eskatu duena demandan (*petitum*) eta epaileek erabaki dutena. Kasuan, eztabaida juridiko berezirik ez dago horren inguruan.

(7) Zalantza

Pertsona famatuentzat ezarritako salbuespena ulertzeko moduan dago tirabira. Hasteko, zalantzan ez da jartzen pertsona horiek badutela, duten lanbidearen arabera, proiekzio publikoa. Bigarrenik, argi dago jendearentzat irekia den lekuan (hondartzan) hartu dela irudia, baina arauaren esapide hori (*lugares abiertos al público*) hitzez-hitz ulertu behar da (*interpretación literal*); edo, jokoan dauden interesak kontuan hartuta, horiek babesteko dauden gainerako arauekin eta horien helburuekin argitu behar da (*interpretación finalista*).

(a) **Pertsonaren lanbidea eta ospearen zama:** Famatua izateak, lanbidearen arabera gehienetan, eguneroko zama ekartzen dio pertsonari: jendea dabilen lekuetan begiratua izatea eta portaera zainduagoa eraman behar izatea. Lanbide-motak interesa sortzen badu jendearentzat, jarduera horrekin lotutako portaerei buruzko berriek badute interesa jendearentzat. Baina, pertsona horiek intimitate-eskubidea badute, eta jendeak pertsona famatuaren gorabehera guztiak jakin nahi izateak ez du murrizten eskubide hura.

(b) Adostasunik eza: Argi dago irudiak hartzeko baimenik ez dela eman esanbidez. Pertsona famatuen kasuan, legearen irizpideak jarraituz, baimenik ez da behar irudiak hartzeko eta zabaltzeko leku publikoan egina bada. Dena den, isilbidez adierazi daiteke, jarraitutako portaeraren arabera, irudiak hartzeko baimenik ez dela eman nahi. Egitate hori eman den edo ez epailearen usteak erabakiko du.

(c) Leku publikoa: Lekua izaeraz publikoa izan arren (esanahi administratiboan), lekuaren xedea ere kontuan hartu behar da: toki gordea eta ezkutukoa bada, pertsona famatua hara joaten da hain zuzen ere intimitatearen bila, bere jarduera arruntak eta eguneroko bizimoduak jasanarazten dion zama arintzeko balio dion tokira. Pertsona famatuak, ezein pertsonak bezala, intimitate-eskubidea izan behar du hainbat leku publikoetan ere; noski, ez gertuko edo erabilera handiko hondartza batean, baina bai bere famak protagonismo-zantzurik ere emango ez dion toki batean. Azken batean, toki publikoetan ere aztertu behar da ea bertan egiten den jarduera izaeraz pribatua den edo jendaurrekoa den, eta, portaeraren arabera, eremu pribatuan geratzeko jardueratzat jo behar den edo ez.

(d) Interesik eza: Informatzeko interesa babesteak aurresupostu bat eskatzen du: intereseko informazioa izatea (gizarteko usadioen eta komunikabide-motaren arabera). Egitate hutsa (bi pertsona hondartzan egotea) ez da berez informazioa, interesik ez baitu. Horrela, bere intimitate-eskubidea babestu nahi duen pertsona famatuaren egoera eta pertsona arrunt batena parekatu egiten dira, eta trataera berdina eman behar zaie: batzuen zein besteen portaerak informazio-interesik ez du. Beraz, informatzeko interesik ez dagoenez, informatzeko eskubiderik ez da urratzen.

(8) Jurisprudentzia

Epaia bat dator aurrez emandako beste batzuekin: AGEE 1988.03.29 (ROJ STS 2317/1988) eta 2004.07.01 (ROJ STS 4670/2004). Desberdindu kasu honetatik: AGE 2011.02.25 (ROJ STS 1098/2011, Melanie Olivares kasua).

2. Eskubide pertsonalak

Lehen kasua

Amaiak liburua saldu nahi du eta iragarki-taulan anuntzioa jarri du: zuzenbide zibileko eskuliburua, 20 €, telefonoa. Beñatek telefonoz deitu du, esan dio baietz, eta kafetegian geratu dira datorren astean. Amaia kafetegian dagoela zain, beste lagun batek ikusi eta adierazten dio eskuliburua behar duela azterketa prestatzeko eta erosiko diola 25 eurotan. Momentu horretan agertzen da Beñat 20 eurorekin liburua jasotzera.

Horrelako kasuaren azterketa egiteko, ez dago egitateen, erlazio juridikoen eta eskemen azalpena egin beharrik, oso sinpleak eta gogoratzeko errazak baitira. Horregatik, zuzenean egin daiteke analisia, beti ere, **egitateen ordena eta dinamika** jarraituz.

(1) Abiapuntua

(a) **Liburua:** Ondasun higigarria, materialki zehaztua eta mugatua. Fruiturik ez du ematen, beraz edukitza kitatzeko orduan, akzesioz fruituen gaineko jabetza-eskubidea nork duen erabaki beharrik ez da egongo.

(b) **Titularra:** Liburuaren gain jabetza-eskubidea Amaiak du. Legitimazioa, beste eskuratzeko titulurik ezin badu frogatu, ondasun higigarriei buruzko eraentzak emango dio: *La posesión de los bienes muebles, adquirida de buena fe, equivale al título* (KZ 464).

(c) **Asmoa:** Amaiak gauza bat entregatu nahi du horren truk dirua jasotzeko. Gauza baten truk bestea ematen denean, trukea dago: *La permuta es un contrato por el cual cada uno de los contratantes se obliga a dar una cosa para recibir otra* (KZ 1538). Baina gauza horietako bat dirua bada, orduan salerosketa dago: *Por el contrato de compra y venta uno de los contratantes se obliga a entregar una cosa determinada y el otro a pagar por ella un precio cierto, en dinero o signo que lo represente* (KZ 1445).

(2) Anuntzioa iragarki-taulan jartzea

(a) **Alde-bateko borondate deklarazioa:** Salerosketa-kontratua burutzeko eskaintza luzatzen da, baina kontraturik ez da sortu oraindik: *No hay contrato sino cuando concurren los requisitos siguientes: 1º Consentimiento de los contratantes. 2º Objeto cierto que sea materia del contrato. 3º Causa de la obligación que se establezca* (KZ 1261). *El consentimiento se manifiesta por el concurso de la oferta y de la aceptación sobre la cosa y la causa que han de constituir el contrato* (KZ 1261).

(b) **Hartzailea:** Eskaintza badago, baina onartzen duenik ez oraindik, beraz, kontratuan beti egon behar den beste alderdia zehazteke dago.

(3) Telefono deia

(a) **Onartzea:** Beñatek liburua eskuratzeko asmoa badu, bere interesa edozein delarik ere. Amaiarekin telefonoz hitz egin eta biak ados jarri dira.

(b) **Forma:** Hitza bakarrik erabili dute, idatziz ezer jarri eta sinatu gabe. Legeak, ordea, hau esaten du: *También deberán hacerse constar por escrito, aunque sea privado, los demás contratos en que la cuantía de las prestaciones de uno o de los dos contratantes exceda de 1.500 pesetas (9 €)* (KZ 1280 *in fine*). Hala eta guztiz ere, forma hori betetzea (idatziz jartzea) ez da eskatzen kontratua burutzeko eta, halakoetan, alderdietako edonork idatziz jartzera behartzeko ahalmena izango du, besterik gabe: *Si la Ley exigiere el otorgamiento de escritura u otra forma especial para hacer efectivas las obligaciones propias de un contrato, los contratantes podrán compelerse recíprocamente a llenar aquella forma desde que hubiese intervenido el consentimiento y demás requisitos necesarios para su validez* (KZ 1279).

(c) **Harreman juridikoa:** Kontratua burutu da, hain zuzen ere ados jarri diren bi alderdi badaudelako (Amaia eta Beñat), objektua merkataritzan dagoen gauza delako (KZ 1271) eta kausa ere badagoelako (KZ 1274): *La venta se perfeccionará entre comprador y vendedor, y será obligatoria para ambos, si hubieren convenido en la cosa objeto del contrato, y en el precio, aunque ni la una ni el otro se hayan entre-*

gado (KZ 1450). Gero, nahi izanez gero, alderdietako batek bestea behartu dezake idatziz jartzea kontratua.

(4) Obligazio juridikoak

(a) **Kontratua obligazioen iturri:** Kontratua burutzen denean, obligazioak sortzen dira: *Las obligaciones nacen… de los contratos…* (KZ 1089).

(b) **Obligazio nagusiak** Salerosketa kontratuan, obligazio nagusiak bi dira: batetik, gauza entregatzeko obligazioa eta, bestetik, dirua entregatzeko obligazioa (KZeko 1.445. art.).

Hartzekoduna Beñat	*Prestazioa* Gauza entregatzea Liburua	*Zorduna* Amaia	O_1
			Lotura Elkarkaria
Hartzekoduna Amaia	*Prestazioa* Prezioa entregatzea Dirua 20 €	*Zorduna* Beñat	O_2

(c) **Liburua entregatzeko obligazioa:** *El vendedor está obligado a la entrega y saneamiento de la cosa objeto de la venta* (KZ 1461). *Se entenderá entregada la cosa vendida, cuando se ponga en poder y posesión del comprador* (KZ 1462).

(d) **Dirua entregatzeko obligazioa:** *El comprador está obligado a pagar el precio de la cosa vendida en el tiempo y lugar fijados por el contrato* (KZ 1500.1).

(e) **Sinalagma:** Obligazio nagusien artean sinalagma-lotura dago, izaeraz elkarkariak dira: bata bestearen kariaz sortu (sinalagma genetikoa) eta beteko (sinalagma funtzionala) dira (*cfr.* KZ 1466 eta 1500; jurisprudentziak eta doktrinak garatutako erakundea da).

(5) Noiz bete behar da bakoitza

Sinalagma funtzionala alderdiek erabaki eta moldatu dezakete. Hala, obligazio bata zein bestea betetzeko eguna eta lekua finkatu dituzte, geratu baitira kafetegian halako egunean eta orduan liburua entregatu eta dirua ordaintzeko.

(a) **Liburua entregatzea:** *El vendedor no estará obligado a entregar la cosa vendida, si el comprador no le ha pagado el precio o no se ha señalado en el contrato un plazo para el pago* (KZ 1466).

(b) **Dirua ordaintzea:** *Si no se hubieren fijado, deberá hacerse el pago en el tiempo y lugar en que se haga la entrega de la cosa vendida* (KZ 1500.2).

(c) **Epea:** Eguna iritsi den ikusi behar da: *Las obligaciones para cuyo cumplimiento se haya señalado un día cierto, sólo serán exigibles cuando el día llegue* (KZ 1125.1).

(6) **Salbuespenak**

Obligazioa ez betetzeko salbuespenak jarri daitezke, beti ere sortutako obligazioren elementuak eta inguruabarrak ez badira errespetatzen: lekua, garaia, baldintzak, objektua, eta abar.

(a) **Lege indarra:** Sortutako obligazioa bete egin behar da: *Las obligaciones que nacen de los contratos tienen fuerza de ley entre las partes contratantes, y deben cumplirse al tenor de los mismos* (KZ 1091). Bestela, obligazioaren ez-betetzea dago. Amaiak ezin du Beñatekin duen obligazioa aldatu eta, kasuan, 25 € eskatu, beste lagun batek hori agindu diola alegatuz.

(b) **Eskaintza berria:** Amaiari bere lagunak eskaintza hobea egin dio. Erosteko eskaintza berri bat da eta Amaiak beste kontratu bat berarekin egin dezake onartu eta ados badago; orduan, beste bi obligazio nagusi berri sortuko dira. Gauza berbera saldu daiteke bi erosleri: *Si una misma cosa se hubiese vendido a diferentes compradores, la propiedad se transferirá a la persona que primero haya tomado posesión de ella con buena fe, si fuere mueble* (KZ 1.473.1).

(7) **Obligazioa ez betetzea**

Kasuan Amaiak bere lagunari saldu eta emango balio liburua, Beñatekin duen obligazioa ezin du bete eta badaki.

(a) **Ez-betetzea:** Norbaitek bere obligazioa ez badu

betetzen, ez-betetzearen ondorioak jasan beharko dira. Gainera, apropos (doloz) ez bada bete klateka (baleude) ordaindu beharko dira: *Quedan sujetos a la indemnización de los daños y perjuicios causados los que en el cumplimiento de sus obligaciones incurrieren en dolo, negligencia o morosidad, y los que de cualquier modo contravinieren al tenor de aquéllas* (KZ 1101.).

(b) Elkarkariak: Obligazio bat ez bada betetzen, obligazio horretako hartzekodunak beste obligazioa suntsiarazteko ahalmena du: *La facultad de resolver las obligaciones se entiende implícita en las recíprocas, para el caso de que uno de los obligados no cumpliere lo que le incumbre* (KZ 1124). Bestalde, berandutzari buruzko eraentza berezia ere badago: *En las obligaciones recíprocas ninguno de los obligados incurre en mora si el otro no cumple o no se allana a cumplir debidamente lo que le incumbe. Desde que uno de los obligados cumple su obligación, empieza la mora para el otro* (KZ 1100.3).

Bigarren kasua

Amaia Donostian bizi da eta badu Jakan etxe bat. Etxe horretan obra batzuk egin nahi ditu: 4 lehio berri jarri, balkoia txukundu eta 6 ate ere berritu; gabe baitago eta etxea osatzeko, gero uda-aldian bertara joateko. Horretarako Jakako bi arotzengana joaten da: Beñat eta Cecilio. Biek kontuak egin eta esaten diote guztia egitea kostako dela 2.000 € eta bukatuta egongo dela maiatzaren bukaerako, ekainetik aurrera uda pasatzera joateko moduan. Beñat eta Cecilio urtarrilean joaten dira etxea ikustera eta neurriak hartzera. Gero, maiatzaren bukaeran Beñat agertzen da 6 ate jartzera, eta esaten dio Amaiari Ceciliok lau hilabete daramatzala gaixorik eta bere zatia (lehioak eta balkoia jartzea) ezin izango duela bete. Beñatek Amaiari 1.000 € ordaintzea eskatzen dio

(1) Oinarria

Elementu orokor eta nagusienak azaldu gabe, kasuaren berezitasunak hauek dira:

(a) **Kontratua:** Errentamenduaren objektu izan daitezke gauzak, obrak edo zerbitzuak (KZ 1542). Obra kontratua da: *En el arrendamiento de obra... una de las partes se obliga a ejecutar una obra... por precio cierto* (KZ 1544). Gainera, lanaz gain materiala ere jarriz: *Puede contratarse la ejecución de una obra conviniendo en que el que la ejecute ponga solamente su trabajo o su industria, o que también suministre el material* (KZ 1588).

(b) **Ordaintzeko obligazioa:** Beñatek dirua kobratzeko kreditu-eskubidea du Amaiaren aurka, baina noiz baliatu dezake: *Si no hubiere pacto o costumbre en contrario, el precio de la obra deberá pagarse al hacerse la entrega* (KZ 1599). Araua bat dator obligazioei buruzko eraentza orokorrarekin, elkarrekiko obligazioetan batera bete behar baitira obligazioak (*cfr.* KZ 1100.3 eta 1500.2).

(c) **Arazoa:** Beraz, argitu behar da ea Beñatek obra entregatzeko obligazioa bete duen, edo bete gabeko kontratuaren salbuespena aurkatu diezaioken Amaiak.

(2) Zatigarritasuna

Obra egiteko obligazioa badago, baina zatika egin daiteke edo osorik egin behar da obligazioa betetzeko. Zatika egin beharrekoa bada, Amaiak zatika jaso beharko luke eta proportzioan ordaindu, kasuan Beñati bere zatia.

(a) **Arau berezia:** Zatika egin badaiteke, arau orokorra (KZ 1599) ez baina arau berezia aplikatu behar da: *El que se obliga a hacer una obra por piezas... puede exigir del dueño que la reciba por partes y que la pague en proporción* (KZ 1592).

(b) **Obraren izaera:** Esanbidez adierazi ez denez, kontratuaren asmo eta inguruabarretatik ondorioztatu behar da. Amaiaren (hartzekodunaren) interesak baldintzatzen du obraren izaera. Kasuan argi dago fisikoki zatika egin daitekeela: lehioak, ateak, balkoia aparte eta data desberdinetan entregatu, baina horrek ez du esan nahi juridikoki ere obra zatigarria denik. Obligazioaren objektua obra osoa da, izan ere hartzekodunaren interesa asetuko da obra osorik eginez gero bakarrik. Alegia, ateak jartzeak ez du zati batean (proportzioan) asetzen hartzekodunaren interesa, lehioak eta balkoia ere behar baititu etxea erabiltzeko. Hain zuzen ere, kontratuaren xedea hori da, zulo guztiak ixtea, eta bi arotzek (aditu gisa) edo edozein pertsonak badaki hala dela. Beraz, KZeko 1.592. artikulua ezin da aplikatu.

(3) Zordun anitz egotea

Zordunak hainbat direnean, erabaki behar da ea zordun bakoitzak bere zatia beteta betetzen duen bere obligazioa, eta ea hartzekodunak bati eska diezaioken prestazio osoa betetzea (eta ez badu betetzen kontratua ez dela bete salbuestea).

(a) Obligazio mankomunatua edo solidarioa Zordunen arteko erlazioa izaeraz nolakoa den zehazteko arau orokorra: *La concurrencia de dos o más acreedores o de dos o más deudores en una sola obligación no implica que cada uno de aquéllos tenga derecho a pedir, ni cada uno de éstos deba prestar íntegramente, las cosas objeto de la misma. Sólo habrá lugar a esto cuando la obligación expresamente lo determine, constituyéndose con el carácter de solidaria* (KZ 1137). Solidaritatea esanbidez ezarri behar da eta, kasuan, esanbidez ez da ezer esan, beraz erlazioa izaeraz mankomunatua da. Dena den, gogorarazi behar da jurisprudentziak, kasu askotan, solidaritatea onartzen duela, esate baterako establezimendu bereko titularkideak balira, baina kasu honetan ez dago horrelakorik eta ez dirudi epaileek soliaritatea onartuko luketenik, legeak ezartzen duen arau orokorra argi baitago.

(b) Obligazio mankomunatua: zatigarria edo zatiezina Eraentza desberdina ezartzen da obligazio mankomunatua izaeraz zatigarria edo zatiezina den kontuan hartuz (KZ 1139 eta 1150). Bata edo bestea den erabakitzeko araua: *Para los efectos de los artículos que preceden, se reputarán indivisibles las obligaciones de dar cuerpos ciertos y todas aquellas que no sean susceptibles de cumplimiento parcial. Las obligaciones de hacer serán divisibles cuando tengan por objeto la prestación de un número de días de trabajo, la ejecución de obras por unidades métricas, u otras cosas análogas que por su naturaleza sean susceptibles de cumplimiento parcial. En las obligaciones de no hacer, la divisibilidad o indivisibilidad se decidirá por el carácter de la prestación en* *cada caso particular* (KZ 1151). Arau horren arabera, gorputz jakinak ematea **zatiezina** da eta Amaiak eskatu duen arotz-obra egin eta entregatzea horrelakoa da eta hor sar daiteke. Kasuan, ezin da artikuluaren bigarren lerroaldea aplikatu eta, ondorioz, hartzekodunak ez dauka prestazioa partzialki jaso beharrik: *A menos que el contrato expresamente lo autorice, no podrá compelerse al acreedor a recibir parcialmente las prestaciones en que consista la obligación* (KZ 1169). Kontratua ez da betetzen obra partzialki entregatuz, beraz Amaiak, prezioa ez ordaintzeko, kontratua ez bete izanaren salbuespena alega dezake.

(4) Kalte-ordaina eskatzea

Hartzekodunak (Amaiak) zordunei (Beñati eta Ceciliori).

(a) Araua berezia: Obligazioa mankomunatua eta zatiezina da, eta zordunetako batek berea ez du bete; beraz, badirudi aplika daitekeela arau hau: *La obligación indivisible mancomunada se resuelve en indemnizar daños y perjuicios desde que cualquiera de los deudores falta a su compromiso. Los deudores que hubiesen estado dispuestos a cumplir los suyos, no contribuirán a la indemnización con más cantidad que la porción correspondiente del precio de la cosa o del servicio en que consistiere la obligación* (KZ 1150). Baina, arau hori interpretatzeko, ulertu behar da kalte-galera ordaintzeko obligazio bihurtzea ez dela normala (AGE 1995.11.10: ROJ STS 5646/1995) eta beste egitate bat ere beharrezkoa dela (negozioari eustearen aldeko printzipio orokorra): obligazioa ezin bete izatea modu espezifikoan eta horregatik baliokide bidez bete beharra izatea. Kasuan, azken aurresupostu hori ez da ematen, etorkizunean posible baita modu espezifikoan betetzea; alegia, epea ez da funtsezkoa eta Ceciliok gaixo dagoelako ez du bere zatia bete, hau da, **behin-behineko** ustegabeko kasua da. Beraz, kasuan ezin da arau hori baliatu eta aplikatu.

(b) Kalte-galerak kontratua suntsitu ondoren: Obligazioa izaeraz elkarkaria edo sinalagmatikoa izanik, arau hau balia tu daiteke: *El perjudicado podrá escoger entre exigir el cumplimiento o la resolución de la obligación, con el resarcimiento de daños y abono de intereses en ambos casos. También podrá pedir la resolución, aun después* *de haber optado por el cumplimiento, cuando éste resultare imposible* (KZ 1124.2).

(c) **Betetzea eskatzen bada:** Kalteak izango dira, hain zuzen, atzerapenak berak sortzen dituenak (gero azalduko dira).

(d) **Suntsiaraztea:** Jurisprudentziak betekizun hauek eskatzen ditu obligazioak suntsiarazteko: (1) betetzeko aukerik ez egotea behin-betiko: epea funtsezkoa balitz, ezingo litzateke bete, hartzekodunaren interesa ez duelako asetzen. Epe horrek badu garrantzirik hartzekodunarentzat, baina epe hori pasata ere oraindik ase daiteke hartzekodunaren interesa (etxea osatzea), beraz, beranduago bete daiteke.

(2) edo zordunak ez betetzeko borondatea agertzea: Ceciliok ez du ez-betetzeko borondaterik agertu; gaixo egon delako ez du bete.

(3) hartzekoduna lotuta denbora gehiagoz edukitzeko arrazoirik ez egotea: ez dago arrazoirik Amaia kontratutik deslotesteko (bere kasuan, gaixotasuna luzarorako bada edo euria sartzen delako etxea hondatzen ari bada; horrelakorik ez da esaten supostuan).

Beraz, Amaiak ezin du suntsiaraztea eskatu, oraingoz, eta kalte-galerik ere ezin du eskatu kontratua suntsiarazi ondoren.

(e) **Berandutzatik sortutako kalte-ordaina:** Berandutzan dagoenak kalte-galerak ordaindu behar ditu; alegia, Beñat eta Cecilio berandutzan badaude, kalte-ordaina eska diezaieke Amaiak: *Quedan sujetos a la indemnización de los daños y perjuicios causados los que en el cumplimiento de sus obligaciones incurrieren en dolo, negligencia o morosidad, y los que de cualquier modo contravinieren al tenor de aquélla* (KZ 1101). Berandutzaren betekizunak hauek dira: (1) obligazioa epemugaratua egotea; (2) obligazioa bete gabe egotea; (3) betetzea oraindik ere posible izatea (lehen adierazi denez): (4) hartzekodunak interpelatzea (KZ 1100.1), bereziki berandutza automatikorik (KZ 1100.2.2) ez baitago (epea, garrantzizkoa izanik ere, ez da funtsezkoa, beranduago betez ere hartzekodunaren interesa asetzen baita, kasuan kontratuaren interes funtsezkoa etxea osatzea delako); (5) azkenik, berandutza egoteko, doktrinak eta jurisprudentziak zordunaren errua egotea eskatzen dute (KZ 1105 eta, analogiaz, KZ 1182) eta, lau hilabetez gaixo egon eta lanean bakarrik aritzen den harotza izanik, ustegabeko kasua dago (zordunak frogatu beharko du: KZ 1183 analogiaz); beraz, Cecilio ez da ez-betetzearen errudun. Azken batean, ez dago berandutzik eta kalte-rodainik ezin da eskatu.

(5) Ondorioa

maiak ez dauka onartu beharrik Beñaten ordainketa partziala, eta ezer ordaindu beharrik ere ez dauka kontratua ez dela bete salbuetsiz. Baina kalte-galerik ezin du eskatu hitzartu den epean hartzekodunek obra ez dutela bete alegatuz.

Hirugarren kasua

Amaia oso margolari ospetsua da eta Beñatek bere umearen erretrato bat egiteko eskatzen dio. Erretratoa entregatzean 2.500 € ordainduko dizkio Beñatek Amaiari. Amaiak enkargua onartzen du, baina handik gutxira auto-istripu izan eta ezindua geratzen da.

(1) Beñatek eska diezaioke Amaiari erretratoa egitea eta entregatzea?
Amaiaren obligazioa iraungitzea: prestazioa ezinezkoa bihurtzea

Arau orokorrak hau dio: *También quedará liberado el deudor en las obligaciones de hacer cuando la prestación resultare legal o físicamente imposible* (KZ 1184). Amaiaren obligazioa obra-kontratu batetik sortu da eta, izaeraz, egiteko obligazioa da; hala izanik, sortu ondoren ezinezko bihurtzen bada, obligazioa iraungi egingo da. Bestalde, arauak *también quedará* esapidea du abiapuntu, hau da, igorpena egiten du aurreko artikuluetara eta arau hau ere kontuan izan beharko da: *Quedará extinguida la obligación que consista en entregar una cosa determinada cuando ésta se perdiere o destruyere sin culpa del deudor y antes de haberse éste constituido en mora* (KZ 1182). Beraz, ezinezkotasuna eratorri behar da zordunaren errurik gabe eta zorduna berandutzan jarri aurretik. Istripua, adierazi denez, zordunaren errurik gabe eta berandutzan erori aurretik (kontratua egin eta handik gutxira) gertatu da. Ondorioz, obligazioa iraungi egiten da eta Beñatek ezin du bere kreditu-eskubidea baliatu Amaiaren aurrean.

(2) Amaiak eska diezaioke Beñati dirua ordaintzea? Prezioa ordaintzeko obligazioa iraungitzea: suntsiarazpena

Arau orokorra hau da: *La facultad de resolver las obligaciones se entiende implícita en las recíprocas, para el caso de que uno de los obligados no cumpliere lo que le incumbe. El perjudicado podrá escoger entre exigir el cumplimiento o la resolución de la obligación, con el resarcimiento de daños y abono de intereses en ambos casos. También podrá pedir la resolución, aun después de haber optado por el cumplimiento, cuando éste resultare imposible. El Tribunal decretará la resolución que se reclame, a no haber causas justificadas que le autoricen para señalar plazo. Esto se entiende sin perjuicio de los derechos de terceros adquirentes, con arreglo a los artículos 1295 y 1298 y a las disposiciones de la Ley Hipotecaria* (KZ 1124).

Kasuko obligazioak, izaeraz, elkarkariak dira eta suntsiarazteko ahalmena baliatzeko, arauak hau dio: *para el caso de que uno de los obligados no cumpliere lo que le incumbe*. Beraz, ez-betetzearen arrazoia zein den berdin dio, zorduna erruduna izan ado ez; gainera, bigarren lerroaldeko azken esaldiak ere aurreko ideia hori berresteko balio du, izan ere, betetzea erabaki ondoren, gero ezinezkoa suertatzen bada, suntsiarazpena eska baitaiteke, komentatzen dugun kasuan ere bai. Beraz, Amaiak ezin duenez obligazioa bete, Beñatek eska dezake obligazio-erlazioa suntsiaraztea eta, horregatik, Amaiak ezingo dio dirurik eskatu.

(3) Kontratua erreszinditzea

Obra kontratuari buruzko arau bereziak hau dio: *Cuando se ha encargado cierta obra a una persona por razón de sus cualidades personales, el contrato se rescinde por la muerte de esta persona. En este caso el propietario debe abonar a los herederos del constructor, a proporción del precio convenido, el valor de la parte de obra ejecutada y de los materiales preparados, siempre que de estos materiales reporte algún beneficio. Lo mismo se entenderá si el que contrató la obra no puede acabarla por alguna causa independiente de su voluntad* (KZ 1595). Horrelako kasuetarako, erreszinditzeko aukera jasotzen du arauak. Baina, aipatutako erreszisio hori, Kode zibileko 1.290. artikuluak aurreikusten duen erreszisioa al da? Ez, ez da.

Arauaren arabera hau ulertu behar da: obligazioa iraungi ondoren (ezinezko bihurtu delako: KZeko 1.182-1.184. artk.), prezioa ordaintzeko obligazioa ere automatikoki iraungitzen da, baina bigarren lerroaldean ezarritako ezaugarriarekin. Artikuluaren aurresupostu horiek kasuan ematen dira eta, artikulu horren arabera ere, obligazioa iraungi egin da eta batak besteari ezin diote ezer galdatu. Beraz, kasu honetan, bi araudi daude supostu berari buruz eta, horregatik, arau bereziak arau orokorra baztertzen du. Ondorioz, obligazioa iraungi, KZeko 1.595. artikuluaren arabera iraungi da.

Laugarren kasua

Amaiak dirua behar eta dirua lortzeko presa du. Horregatik, bere kotxea, berez bigarren eskuko merkatuan 2.500 € balio duena, Beñati saldu nahi dio 1.000 € truk. Biek hitzegin ostean, ados jarri dira horretan eta erabaki dute hurrengo astean emango diotela elkarri dirua eta kotxea. Baina hori erakaki eta hiru egunetara Amaiak kotxe-istripua izan eta kotxea txiki-txiki eginda geratzen da. Halere Amaiak Beñati 1.000 € ordaintzea eskatzen dio.

(1) Amaiak kontratua betetzeko akzioa egikaritzea

(a) Salerosketa kontratua: Hasteko, aztertu behar da salerosketa kontratua baliozkoa den edo ez, izan ere dirua lortzeko beharrez eta presaka egin baita kontratua, balio duena baino askoz merkeago salduz kotxea. Egitate hori kontuan izanda, adostasuneko akatsik badagoen edo ez ikusi behar da. Batetik, adostasunaren akatsak eta hura deuseztako betekizunak KZeko 1.265-1.270. artikuluetan arautzen dira; aztertu ostean, ez dirudi aplikagarri direnik. Gainera, posible balitz ere, Amaiak bakarrik eska dezake kontratua deuseztea borondate-akatsa alegatuz (KZ 1302), eta argi dago hori ez duela nahi, kontratuko obligazioa betetzea eskatu baitio Beñati. Bestetik, lesioagatik eska daitekeen erreszisioaren eraentza begiratu behar da (KZ 1291), eta egiaztatu kasuko supostuan arau hori ere ez dela aplikagarri.

(b) Prezioa ordaintzeko obligazioa: Obligazioak sortu dira eta bete behar dira ez badira iraungi. Berez, entregatzeko gauza galtzeak ez du iraungiaratzen prezioa ordaintzeko obligazioa: horrelakorik adierazten duen araurik ez dago. Kontratua baliozkoa izanik eta prezioa ordaintzeko obligazioa iraungi ez denez, prezioa ordaintzeko epea iritsi ostean Amaiak eska diezioke Beñati ordaintzea. Dena den, gauza entregatzeko obligazioa ere ez da iraungi, galtze hori saltzaileari egotzi badaiteke (KZ 1182); eta, printzipioz, bere erruz izan dela usteko da (KZ 1183).

(c) Salbuespena, kontratua ez betetzea: Erosleak prezioa ordaindu behar du, besterik adierazi ez denean, saldutako gauza entregatzen den momentuan (KZ 1500.2). Saltzaileak betetzen ez duen bitartean, erosleak berea bete beharrik ez du (aldi baterako salbuespena: *non adimpleti contractus*). Amaiak ez dio kotxea entregatu, beraz, Amaiak berea betetzen ez duen bitartean, Beñatek prezioa ordaindu beharrik ez du.

(2) Beñatek kontratua betetzeko akzioa egikaritzea

Beñatek eska diezaioke Amaiari kotxea entregatzea, entregatzeko obligazioa ez bada iraungi.

(a) Gauza suntsitzea: Gauza suntsitu eta obligazioa iraungitzen da: *El daño o provecho de la cosa vendida, después de perfeccionado el contrato, se regulará por lo dispuesto en los artículos 1096 y 1182* (KZ 1452.1). *Quedará extinguida la obligación que consiste en entregar una cosa determinada cuando ésta se perdiere o destruyere sin culpa del deudor y antes de haberse éste constituido en mora* (KZ 1182).

(b) Berandutza: Arau orokorraren arabera (KZ 1100), berandutzarik ez dago: Beñatek berea ez du bete eta gainera ez du eskatu berandutza egoaren jartzea Amaia.

(c) Errua edo arreta gabezia: Arau orokorraren arabera (KZ 1104), obligazioa betetzeko arreta jarri behar da, kasuan famili guraso on baten arreta (KZ 1094). Berez, kotxea erabiltzeko ahalmena badu, besterik esan ezean salerosketan onartzen baita; ez hala kontratu guztietan, esaterako gordailu-kontratuan (KZ 1767). Besterik frogatu ezean, zerbait entregatu behar duenak jarri beharreko arretarik gabe gidatu duela usteko da. Beraz, Amaiaren errua egon denez, entregatzeko obligazioa ez da iraungi.

(d) Entregatzeko obligazioa: Gauza suntsitu bada, espezifikoki ezin da bete. Orduan, baliokide bidez ordaindu behar da (diruzko obligazioa; hala ondorioztatzen da KZeko hainbat artiuluetatik: 1106.1, 1135.2, 1136.2.2, 1147.2, 1150 edo 1185); gainera sortutako kalteak ordaindu beharko dira (kalteordaina emateko obligazioa: KZ 1101 eta 1107.1). Kasuan, kotxearen balioa eman beharko dio, baina besterik ez, kalterik ez baita sortu. Kontuan izan kotxearen balioa merkatukoa dela, hau da, 2.500 €.

(3) Konpentsazioaren salbuespena

Diruzko bi obligazio egonik, konpentsazioa badagoen ikusi behar da: *Tendrá lugar la compensación cuando dos personas, por derecho pripio, sean recíprocamente acreedoras y deudoras la una de la otra* (KZ 1195). *Para que proceda la compensación, es preciso: 1° Que cada uno de los obligados lo esté principalmente, y sea a la vez acreedor principal del otro. 2° Que ambas deudas consistan en una cantidad de dinero, o, siendo fungibles las cosas debidas, sean de la misma especie y también de la misma calidad, si ésta se hubiese designado. 3° Que las dos deudas estén vencidas. 4° Que sean líquidas y exigibles. 5° Que sobre ninguna de ellas haya retención o contienda promovida por terceras personas y notificada oportunamente al deudor* (KZ 1196). Betekizunak aztertuz, kasuan, salerosketa izanik, elkarren arteko obligazioak daude obligazioak izaeraz elkarkariak baitira; gainera, diruzko obligazioak dira biak orain, epemugaratuak, galdagarriak, eta auzirik ez dago beraiei buruz. Baina, baliokide bidez eskatu behar denez obligazioetako bat, oraingoz ez da likidoa merkatuko balioa alderdiek erabaki edo epaileak finkatzen ez duten bitartean. Likido bihurtuz geroztik, Beñatek aurka diezaioke konpentsazioa Amaiari; balio likidoa gutxi gora behera 2.500 € bada, Beñatek 1.500 €-ko kreditu-eskubidea gordeko du oraindik bere alde.

(4) Suntsiarazpena

Obligazioak elkarkariak direnez, suntsiarazteko ahalmena ere badago: *La facultad de resolver las obligaciones se entiende implícita en las recíprocas, para el caso de que uno de los obligados no cumpliere lo que le incumbe. El perjudicado podrá escoger entre exigir el cumplimiento o la resolución de la obligación, con el resarcimiento de daños y abono de intereses en ambos casos. También podrá pedir la resolución, aun después de haber optado por el cumplimiento, cuando éste resultare imposible* (KZ 1124). Amaiak kontratua ez du bete, gauza suntsitu duelako arreta gabeziaz jokatu ostean; beraz, Beñatek obligaziozko erlazioa suntsitzea ere eska dezake, horrela bere zorra iraungitzeko.

(5) Ondorioa

Amaiak eska diezaioke Beñati 1.000 € ordaintzea. Baina, Beñatek, horren aurrean, kontratua ez bete izanaren salbuespena aurka dezake eta aukeratu, edo obligazioa suntsitu edo galdatu Amaiari balio kide bidez betetzea (2.500 €). Azken kasu horretan, zorra likido egiten denean, berea iraungi dezake konpentsazioz, eta soberan geratzen den kredituari eutsiz (1.500 €). Azken aukera hori komeni zaio Beñati.

Bosgarren kasua

Amaiak arropa-denda jarri nahi du eta Beñaten negozio-lokal bat hartzen du errentan. **Kontratua idatziz jarri eta, errentamenduko ohiko klausulaz gain, hauek hitzartzen dituzte: lokala arropa-denda jartzeko bakarrik erabiliko da; lokalak Amaiaren nahia asebetetzen du; egokitze-obrak egiteko baimena ematen dio Beñatek, baina guztiak Amaiaren kontura izango dira; lokala eta eraikineko portala ezingo dira komunikatu; udalak irekitze-lizentziarik ez badu ematen, Beñatek ez du bere gain erantzuletasunik hartzen. Obrak burutu ostean, udaleko teknikaria lokala gainbegiratzera joan eta emergentziako ate bat zalbaldu behar dela adierazten du, bestela irekitze-lizentziarik ez dela emango. Ate hori eraikineko portalera bakarrik ireki daiteke, ez beste inora, eta Amaiak, gainerako jabekideek bezala, ez du onartzen.**

(1) **Eraentza**

Negozio lokalari buruzko errentamendu-kontratua Hiri Errentamenduei buruzko 29/1994 Legera meneratzen bada ere, errentamendutik sortu diren obligazioak arautzeko Kode Zibileko arauak ere kontuan izan behar dira: *Los arrendamientos para uso distinto del de vivienda se rigen por la voluntad de las partes; en su defecto, por lo dispuesto en el Título III de la presente Ley y, supletoriamente, por lo dispuesto en el Código Civil* (Lege 29/1994, 4.3).

(2) **Arazoa**

Errentatzaile orok badu obligazio nagusi hau: maizterrari bermatu behar dio gauza baliatzeko gozamena, alegia gauzaren erabilgarritasuna. Obligazio hori ondorioztatzen da arau hauetatik: *en estado de servir para el uso a que ha sido destinada* (KZ 1554.2); *no puede variar la forma de la cosa arrendada* (KZ 1557). Baina, kontratuan esanbidez hitzartutakoa kontuan hartuz, gauza entregatzeak Amaiaren nahia asebete du eta Beñaten erantzuletasunik eza adierazi da. Gainera argi geratu da lokalaren eta portalaren artean ez dela komunikaziorik irekiko: *Si los términos de un contrato son claros y no dejan duda sobre la intención de los contratantes, se estará al sentido literal de sus cláusulas* (KZ 1281).

(3) Gauza entregatzeko obligazioa

Kostuzko kontratu guztien eredu den salerosketa kontratuan, argi bereizten dira gauza entregatzeko obligazioa (KZ 1468) eta gauzaren akatsez erantzuteko (saneatzeko) obligazioa (KZ 1474); horrek zentzua du salerosketan jabetza-eskubidea transmititzen delako eta eskubide erreala eskuratzeko gauza entregatu behar delako (*la propiedad… se adquiere… por consecuencia de ciertos contratos mediante la tradición*: KZ 609) eta gero dator besterena den jabetza-eskubidearen gaineko akatsez erantzuteko obligazioa. Errentamendu-kontratuan, aldiz, eskubide errealik ez da transmititzen eta entregatzeko obligazioaren barruan txertatzen da gauzaren edukitza erabilgarria bermatzea. Errentamenduei buruzko eraentzak araudi hartara igorpena egiten badu ere (*son aplicables al contrato de arrendamiento las disposiciones sobre saneamiento contenidas en el título de la compraventa*: KZ 1553), lehen aipatu den arau bereziarekin (KZ 1554.2) osatu behar da eta gauza entregatu behar da ezaugarri honekin: ondorengo gozamena eta erabilgarritasuna ere bermatu behar du (*goce pacífico del arredamiento por todo el tiempo del contrato*: KZ 1554.3). Jabetza-eskubidearen titularra Beñat da eta gauza ez du entregatzen eskubide hori transmititzeko, Amaiak erabiltzeko baizik eta horregatik bermatu behar dio edukitza erabilgarria eta baketsua kontratuak iraun bitartean. Salerosketan entrega aurretik edo unean dauden akatsez erantzuten bada ere, errentamenduan erabilgarritasunaren bermea luzatzen da maizterrak duen edukitzaren bizitza osoan.

(4) Obligazioa ez betetzea

Zalantzarik gabe, lokalaren edukitza entregatu da eta, entregatzeko momentuan, maizterraren gogoa asebete dela adierazi da. Orain, horrek ez du esan nahi entrega materiala (lokala okupatzea) eta formala (jaso dela adieraztea) nahikoak direnik, errentamenduan entregak betekizun juridiko bat ere bete behar baitu: gauzaren erabilgarritasuna, entregatzeko momentuan eta gero kontratua amaitu arte. Hain zuzen ere, kontratuan bertan adierazi denez, lokalaren helburua ere finkatu eta mugatu egin da, ezin baitzaio beste helbururik ere eman. Zergaitia zein izan den eta, bere kasuan, errua norena izan den kontuan hartu gabe, errentamendu kontratutik sortutako obligazioa, hain zuzen lokalaren edukitza erabilgarria ahalbidetzea, ez da betetzen: arropa-denda jartzeko bakarrik balio du edukitzak, baina legearen arabera lokal horretan ezin da jarri emergentziako atea falta delako.

(5) Erantzuletasunetik salbuestea

Kontratuan esanbidez hitzartu denez, udalak irekitze-lizentziarik ez badu ematen, Beñatek ez du bere gain erantzuletasunik hartzen. Beti ere, noski, alderdien borondatearekin erlaziorik ez duen kausagatik ukatzen bada lizentzia, bestela alderdi baten esku geratzen baita kontratuaren efikazia eta obligazioa bete edo ez: *la validez y el cumplimiento de los contratos no pueden dejarse al arbitrio de uno de los contratantes* (KZ 1256). Kasuan, lizentzia lortu ez izanak badu zerikusia Beñaten jarrerarekin: emergentziako atea portalera bakarrik ireki daiteke eta Beñatek kontratuan esanbidez jarri du hori ez duela onartzen eta gerora ere ez duela onartuko. Beraz, kontratuan bertan ezarritako erabilerarako ez luke balioko kontratuko beste klausularen kariaz: negozioan itxuraz antinomia edo kontraesana sortu da. Arauzko antinomiak konpontzeko, interpretazio derogatzailea (*interpretatio abrogans*) egin behar da bi modu hauetako batean: lerrun berdineko arauak direla ulertu eta biak derogatuz; edo bat arau nagusitzat hartu eta bestea derogatuz. Hala eta guztiz ere, benetako kontraesanik ez dago posible baita interpretazio bidez biak zentzua izatea eta indarrean egotea. Edukitza erabilgarria bermatzeko, onartu behar da emergentzia-atea jartzea, portalera bada ere; kontuan izan Beñatek berak mugatu duela lokalaren erabilera arropa-denda bakarrik izatera. Gero, lokala eta portala elkar ez komunikatzeko klausulak badu joko-eremu finko bat: edozein kasutan irteera arrunt eta ohiko erabilera ekarriko duen komunikazio-atea ez da onartuko; soilik aparteko egoeretan, kasuan emergentziazkoetan bakarrik, onartu behar da komunikazio-atea erabiltzea. Beraz, klausula horretatik ondorioztatzen dena da honako maizterraren obligazioa eta jabearen interesa: komunikazio hori inoiz ez egotea (bere kasuan atea ez erabiltzea) lokalera sartzeko jarduera arrunt moduan; orain, esanahi hertsian emergentziarik balego, orduan ez da inoren interesa urratzen, larrialdietan besteei laguntzeko betebehar unibertsala baitago beti (*cfr.* KP 195) eta komunikazioa bideratzea betebehar hori betetzea da.

(6) Aukerak

Obligazioa ez-betetzearen ondorioz, errentamendu-kontratuko alderdiek hau eska dezakete: *podrán pedir la rescisión del contrato y la indemnización de daños y perjuicios, o sólo esto último, dejando el contrato subsistente* (KZ 1556); arauak erreszisioa aipatzen badu ere, berez suntsiarazpenaz ari da, obligazio elkarkari orotan isilbidez agertzen dena (KZ 1124). Kasuan, gainera, ez dago kontuan hartu beharrik Beñat fede onez edo gaiztoz aritu den, izan ere salerosketa kontratuan saneatzeko obligazioak horrelakorik ez badu eskatzen, are gutxiago errentamendu-kontratuan, gozamena bermatzea hertsiago lotuta baitago errenta ordaintzeko obligazio bidez. Amaiak negozioarekin jarraitzeko aukera egingo balu, eska diezaioke Beñati emergentziako atea bere kontura zabaltzea, obligazio hau baitu hark: *a hacer en ella durante el arrendamiento todas las reparaciones necesarias a fin de conservarla en estado de servir para el uso a que ha sido destinada* (KZ 1554.2).

(7) Erkidegoaren jarrera

Beste kontu bat da atea zabaltzeko obra egin behar dela jabetza horizontalera menperatzen den eraikin batean. Obrak egiteko baimena eskatu behar da eta, materialki (posible izanik) eta juridikoki (zilegi izanik) bidezkoa bada, onartu beharra dago Jabetza Horizontaleko Legearen eta auzo horretako estatutuen arabera.

3. Eskubide errealak

Lehen kasua
Eskubide erreala *vs* **eskubide pertsonala**
ENZNE 2009.09.15 (BOE 2009.10.07)
Erregistro eta Notaritza Zuzendaritza Nagusiaren Ebazpena
Berez kasu hau ez da auzia, legelarien arteko eztabaida tekniko hutsa baizik.

Pertsonak

Profesionalak
Notarioa (Mieres)
Eduardo Ávila Rodríguez
Erregistratzailea (Mieres)
Margarita Mª de Carlos Muñoz

Partikularrak
Nicasio Luis MG
José Ángel MR
Mª Belén MA
Minas Figaredo SA
Concepción GF

Harremanak

Concepción GF	*filiazioa*	Nicasio Luis MG eta beste sei
Concepción GF	*dohaintza*	Nicasio Luis MG
Minas Figaredo SA	*salerosketa*	Concepción GF
José Ángel MR	*ezkontza*	Mª Belén MA
Nicasio Luis MG	*salerosketa*	José Ángel MR/Mª Belén MA

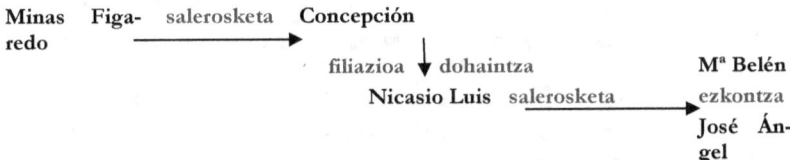

Objektua

Finka erregistratuak	39.917	lurra 140 m² + obra berria (eraikina/jabetza horizontala)
	45.953	eraikineko etxebizitza (behe-ezkerra 45m²)
	45.961	lurra (orubea) 64m²
Obra berria	\multicolumn{2}{l	}{Orubearen (45.961) eta **etxebizitzaren** (45.953) gainean}
	\multicolumn{2}{l	}{**Etxea:** Behea (52 m²) + Lehena (92 m²) + Patioa (14 m²)}
Finka katastrala	\multicolumn{2}{l	}{**Batera:** Finka 45.953 + Gaikaldeko obra berria}

Kokatze grafikoa

	Zati honi buruzko KLAUSULA	Finka x
		Finka y
	Finka 45.953	Finka z
Finka 45.961	**Finka 39.917**	
Obra berria	**Eraikina jabetza horizontalean**	

Egitateak

1965.07.14 **Obra berriaren eskritura (Eraikina)** Finka 39.917 Minas de Figaredo

1967.07.26 **Salerosketa eskritura** Finka 39.917 Minas Figaredok Concepcióni

1971.01.15 **Jabetza horizontala eratzeko eskritura** Eraikina - Concepción

Eskubide hau jasotzen du (jabetza horizontaleko parte den 45.953 finkaren inskripzioan): *su propietario podrá elevar construyendo sobre esta accesoria hasta la altura que tenga por conveniente, incluso aprovechando la pared izquierda del edificio principal como medianera*

Dohaintza eta oinordetza zatitzea Concepción eta bere zazpi ume

Nicasio Luisi esleitzen zaio (ezkongabea da): dohaintzaz finka 45.953 eta oinordetzaz finka 45.961.

1971-1991	**Obra berria eraikitzea** Etxea bi finken gainean.
1965? ez	Geroago emandako obra berriaren eskriturak hau dio: *Construyó, en base a la titularidad del derecho de edificación una casa sobre otra, pero con el carácter de propiedad separada que prevé el artículo 16.2 del Reglamento Hipotecario, y sobre otra finca propia, una casa... para que fuese un predio distinto a aquel sobre la casa que se construía en parte, y sin formar parte de la propiedad horizontal de la que forma parte la finca 45.953, y sin ser necesaria el consentimiento de dicha comunidad de propietarios, por ser único titular del derecho de sobreedificación el mencionado Sr. M. G. por el Título que consta en el Registro en la fecha que con carácter fehaciente nos indica el Catastro, esto es, del año 1965*
1991.03.15	**Salerosketa eskritura** Finka 45.953 Nicasio Luisek José Angel/Mª Beleni
2008.07.29	**Obra berriaren eskritura** Nicasio Luis - José Angel/Mª Belen ados
2009.01.27	**Jabetza Erregistroan aurkeztu**

Arazo juridikoa

Lurraren titular jabetza horizontaleko titularrak dira, baina beren lur eta eraikinaren gain obra beste norbaitek egin du:

(1) Jabetza horizontaleko finkari dagokion zatia bada, finka berri hori segregatu eta kuota berriak esleitu behar dira jabetza horizontalari buruzko eraentzaren arabera.

(2) Beste kontua da gero, finka konposatua eratzea: zati bat jabetza horizontalaren menpe eta beste zatia jabetza arruntaren menpe.

(3) Objektu desberdina izan eta jabetza horizontaletik kanpo badago, jabetza-eskubide berri bat sortuko da.

Erregistroan inskribatutako klausulan jasotako eskubidea izaeraz zer da: eskubide erreala ez bada, eskubide pertsonala izango da.

«*El verdadero e interesante problema de esta escritura es el relativo a la validez del engalaberno; o lo que es lo mismo, si es posible alterar los principios generales de la propiedad en un sentido vertical, permitiéndose en una determinada altura una propiedad de un titular distinto de aquel que lo es del suelo, mediante una construcción contigua en un régimen distinto del de propiedad horizontal.... Para resolver la cuestión esencial que se plantea en este expediente, debe decidirse en primer lugar si se ajusta a Derecho la pretensión del declarante de la obra nueva según la cual, siendo propietario del solar y titular del derecho de sobreedificación respecto una vivienda colindante, integrante de un edificio en propiedad horizontal, puede realizar y hacer suya la construcción, sin que ésta forme parte de dicha propiedad horizontal y sin que sea necesario el consentimiento de la comunidad de propietarios de ésta*».

Oinarri juridikoak

(1) Aukerak

(a) **Eskubide erreal tipikoa:** «*Derecho de levantar nuevas construcciones sobre el vuelo ajeno*» (Hipoteka Erregelamenduko 16.2 art.). Eskubidearen titularrak ahalmena du eraikitzeko eta eraikitakoa berea egiteko, baina jabetza horizontaleko zati pribatibo gisa; horretarako, arauak eskatzen dituen betekizun guztiak bete behar dira.

(b) **Eskubide erreal atipikoa:** Beti ere eskubide errealaren egitura eta mugak errespetatzen badira. Jabetza-eskubidea ez da; beraz, akaso eskubide erreal mugatua izan daiteke. Horretarako eskubide erreal mugatuaren ezaugarriak bete behar ditu: objektua, nor da objektuaren jabea, ahalmen mugatuak, efikazia *erga omnes* eta iraupena.

(2) Ebazpenaren argudioak

Benetako eskubide errealik ez dago, izan ere eskubide erreal mugatuaren egitura ez baita osatzen.

«A tal efecto, debe entenderse que la mera facultad de elevar dicha vivienda colindante o construir sobre la misma "hasta la altura que tenga por conveniente", según consta en el asiento registral referido, no tiene determinación suficiente para ser considerada como un verdadero derecho real de los configurados en el art. 16.2 RH. Según la doctrina de esta Dirección General, tras una falta de determinación como la del presente caso (no especificación del número de plantas por construir y del plazo de desenvolvimiento o realización de la construcción, duración, imprecisión de los criterios de fijación de las cuotas que hayan de corresponder a las nuevas plantas en los elementos y gastos comunes de la propiedad horizontal, etc.), lo que subyace no es un derecho real de sobreedificación sino «la sustracción a los propietarios de la finca edificada (y por un tiempo ilimitado o, al menos, indeterminado), de una facultad dominical que eventualmente puede surgir en el futuro, cual es la de materialización del aprovechamiento urbanístico adicional que posibilite en cada momento el planeamiento urbanístico, esto es, la de adquirir los nuevos usos o intensidades edificatorias susceptibles de apropiación que puedan definirse en lo sucesivo con arreglo a la normativa urbanística; se trataría, pues, de un derecho a hacer propia, si surgiera, una facultad que en otro caso habría de integrar el derecho dominical que hoy se ostenta y se prevé transmitir (algo así como un derecho perpetuo a los tesoros ocultos de una finca o a las futuras accesiones naturales de la misma), lo cual en modo alguno puede considerarse como verdadero derecho real, ni, por tanto, ser susceptible de inscripción conforme a los arts. 1 y 2 LH, pese a la libertad de creación de tales derechos reales que rige nuestro ordenamiento jurídico (vide art. 2 LH y 7 RH), pues se conculcan los límites y exigencias estructurales del estatuto jurídico de la propiedad (dada su significación económico-política y su trascendencia «erga omnes») que excluyen la constitución de derechos reales limitados singulares de carácter perpetuo e irredimible (vide arts. 513, 526, 546, 1068 y 1655 CC), si no responden a una justa causa que justifique esa perpetuidad (cfr., por todas, las Resoluciones de 6 de noviembre de 1996 y 18 de noviembre de 2002).

Por ello, la constancia registral de esa genérica facultad de elevar plantas de la vivienda referida o construir sobre la misma no puede tener más valor que el de una simple mención de un derecho sin naturaleza real, que resulta contraria a las exigencias del denominado principio de especialidad, que impone la determinación precisa y completa de los derechos que pretenden su acceso al Registro así en sus elementos subjetivos y objetivos, cuanto en su contenido y alcance (cfr. arts. 9 y 98 LH y 51 RH). Consecuentemente, resulta aplicable el artículo 12 de la Ley de Propiedad Horizontal, según el cual la construcción de nuevas plantas y cualquier alteración de estructura o fábrica del edificio en propiedad horizontal que afecte al título constitutivo requiere acuerdo del resto de los propietarios que fije la naturaleza de la modificación, las alteraciones que se originen en la descripción de la finca y la variación de las cuotas (cfr., por todas, las Resoluciones de 13 de junio de 2002 y 13 de septiembre de 2003).

Por otra parte, aun cuando se tratara del caso en que, mediante la configuración jurídica adecuada, se atribuyera al titular de dicha facultad la posibilidad de construir haciendo suya la edificación de nuevas plantas como elemento privativo de la propiedad horizontal (lo que, como se ha expresado, no ha ocurrido en el presente supuesto, en el que ni siquiera se determina si lo construido sería una ampliación de un mismo elemento privativo –dicha vivienda– o se trataría de un elemento adicional también privativo), todavía faltaría el título jurídico hábil para que (como se pretende según la escritura calificada) dicha sobreedificación quedara excluida del régimen de propiedad horizontal en el que se integra la vivienda sobre la que se ha construido».

(3) Irtenbiderako proposamena

Jatorriz jabetza horizontaleko finka bada, ondoren eraentza horretatik kanpo utz daiteke beti ere Jabe Batzarrak erabakiz gero.

«*En relación con tal extremo, debe admitirse que es un hecho (a veces motivado por razones históricas de configuración urbanística de determinadas ciudades, o por las simples condiciones del terreno) la existencia del fenómeno constructivo relativo a la superposición de inmuebles, de modo que la edificación de uno de ellos se realiza, en parte, sobre el vuelo de otro, dando lugar a situaciones de inmisión de algunas habita-*

ciones u otros elementos del inmueble en distinto edificio (pudiendo éste hallarse configurado en régimen de propiedad horizontal, como ocurre en el presente caso). Estas situaciones, que según los casos reciben denominaciones como las de «casas superpuestas», «casas a caballo», «casas empotradas», o la más técnica de «engalabernos», pueden configurarse jurídicamente por distintas vías, atendiendo a las diferentes circunstancias del caso concreto. Y aunque, en principio, el régimen de propiedad horizontal sobre todo el conjunto puede ser el más adecuado, por ser el aplicable directamente cuando concurran los presupuestos del mismo o por su aplicación analógica a los complejos inmobiliarios privados (cfr. art. 24 LPH), lo cierto es que no pueden descartarse otras soluciones distinta a la referida por la Registradora en la calificación impugnada, como puede ser la de la medianería horizontal, según ha admitido el Tribunal Supremo (cfr. Sentencias 24 mayo 1943, 28 abril 1972, 28 diciembre 2001 y 14 abril 2005), o la de comunidad sui generis sobre cada una de las casas colindantes (a la que se refieren la citada Sentencia de 28 diciembre 2001 y la Resolución de esta Dirección General de 20 julio 1998). Por lo demás, en el presente caso y por las razones que han quedado expuestas, debe confirmarse la calificación en cuanto expresa que resulta necesario el acuerdo aprobatorio adoptado por la Junta de Propietarios de la comunidad (cfr. arts. 5, 12 y 17.1 LPH)».

Bigarren kasua

Foru Aldundiak aisialdirako toki bat prestatu du gune natural batean, hainbat kirol-jarduera egiteko. Eraikinetako batean dutxak eta komunak jarri behar ditu eta, lekua herritik urruti dagoenez, inguruan dagoen lursail batean zundaketak egin, eta ura topatu du. Lursaila udalarena dela agertzen da katastroan, eta udalaren onespenarekin, ura atera eta bideratzeko beharrezko putzua, ura jasotzeko depositoa, kainuak eta argi-indarra pasatzeko zutoinak eraiki ditu. Baina, lursail hori ez zen udalarena, Amaiarena baizik. Katastroko akatsa aitortzen du udalak eta gerora konpontzen du.

(1) Objektua

Lursaila zein den argi dago eta bere eremuari buruzko eztabaidarik ez dago, hala zentzu horizontalean (mugak), nola bertikalean (aprobetxamenduaren interesa).

(2) Jabetza-eskubidea

Kasuan ez da eztabaidatzen lursailaren gaineko jabetza-eskubidea norena den. Eskubidearen titularra Amaia da noizbiat, modu batera edo bestera, jabetza eskuratu zuelako. Beraz, jabetza-eskubideari dagozkion akzioak egikari ditzake bere eskubide erreala defendatzeko.

(3) Katastroa

«*El Catastro Inmobiliario es un registro administrativo dependiente del Ministerio de Hacienda en el que se describen los bienes inmuebles rústicos, urbanos y de características especiales tal y como se definen en esta ley* (EDL 1/2004, 1). *Salvo prueba en contrario y sin perjuicio del Registro de la Propiedad, cuyos pronunciamientos jurídicos prevalecerán, los datos contenidos en el Catastro Inmobiliario se presumen ciertos*» (EDL 1/2004, 3.3). «*La inclusión en un Catastro no pasa de constituir un indicio de que el objeto inscrito puede pertenecer a quien figura como titular pero no puede por sí solo constituir un justificante de tal dominio»* (AGE 2000.05.26: ROJ STS 4266/2000).

(4) Akzesioa

Lursailean obrak egin direla ere argi dago eta horren ondorioz hainbat elementu berri, lehen ez zeudenak, erantsi zaizkiola lursailari. Honako fenomeno hau gertatu da: bi jaberenak diren bi gauza elkar lotzen dira, banatzeko aukerarik gabe, alegia, ezin dira banandu narriadurarik jasan gabe. Gauzak banandu badaitezke, ez dago akzesiorik. Hain zuzen ere, jurisprudentzian kontzeptu hau erabiltzen da: «*(la accesión) integra un modo de adquirir o el ejercicio de una facultad extensiva dominical, cuyo uso presupone, que la cosa que se pretenda adquirir por este medio, se halle unida al terreno por obra de la naturaleza o del hombre*» (AGE 1963.03.22: ROJ STS 93/1963). Kasuan, gizakiaren eraginez gertatu da akzesioa, baina ez produkzioz (*accesión discreta o por producción*), eransketaz baino (*accesión continua o por incorporación*).

(5) Eraentza juridikoa

(a) Akzesioz gauzak eskuratzea *La propiedad de los bienes da derecho por accesión a todo lo que ellos producen, o se les une o incorpora, natural o artificialmente* (KZ 353.).

(b) Gauzen izaera Lursaila izaeraz higiezina den bezala, erantsitako elementuak (putzua, depositoa, zutoinak) ere izaeraz higiezinak dira: *Son bienes inmuebles: 1º Las tierras, edificios, caminos y construcciones de todo género adheridas al suelo* (KZ 334).

(c) Jabearen aldeko presuntzioa *Lo edificado, plantado o sembrado en predios ajenos, y las mejoras o reparaciones hechas en ellos, pertenecen al dueño de los mismos con sujeción a lo que se dispone en los artículos siguientes* (KZ 358); *Todas las obras, siembras y plantaciones se presumen hechas por el propietario y a su costa, mientras no se pruebe lo contrario* (KZ 359).

(d) **Higiezinen arteko akzesioa** Higiezinen gaineko jabetza-eskubidea titular desberdinena bada: *El dueño del terreno en que se edificare, sembrare o plantare de buena fe, tendrá derecho a hacer suya la obra, siembra o plantación, previa la indemnización establecida en los artículos 453 y 454, o a obligar al que fabricó o plantó a pagarle el precio del terreno, y al que sembró, la renta correspondiente* (KZ 361). Alderatu: kasua Kataluinan balitz, bertako Kode Zibileko 542-7 artikuluak arautzen du arazoa.

(6) Aplikazioa

(a) **Suposamendua** Kasuan, besterena den higiezinaren gainean, eransketaz lotuta geratu dira ondasun higiezin batzuk. Eransketa gertatu da **fede onez**, Foru Aldundiak udalaren lursaila zela uste baitzuen eta ez Amaiarena. Beraz, fede onez gertatutako ondasun higizinen arteko akzeosioari buruzko araua aplikatu behar da (KZ 361). Hasieran batean, pensta liteke jabeak akzio errebindikatzailea baliarazi dezakeela bere eskubide defendatu (KZ 348.2) eta finkaren edukitza berreskuratzeko. Baina, kasuko suposamendua arau berezi batek arautu eta trataera berezia ematen dio; beraz, errebindikazio-akziorik ezin da baliatu (arau berezia orokorrari gailentzen zaio).

(b) **Egoera juridikoa** Lurraren jabea eta obraren jabea pertsona desberdinak dira. Horietako batek berea ez duen objektua eskuratu bitartean, obraren jabeak azalera-eskubidearen antzeko egoera bizi du: lurraren jabeak aukera-ahalmena baliatu bitartean, obraren gaineko jabetza-eskubidea izango du hark aldi batean.

(c) **Ondorio juridikoak** Arauak lurraren jabeari aukera hau ematen dio: (1) obra bereganatu haren balioa ordainudz; edo (2) lurraren prezioa ordaintzeko obligazioa sorrarazi. Beraz, errebindikazio-akzioaren arabera lortuko lukeena baino gutxiago jasoko du jabeak: erreibindikazio-akzioaren arabera lursailaren edukitza osorik eta besterik gabe berreskuratuko luke;

aldiz, higiezinen artean fede onez gertatutako akzesioan aukeratzeko ahalmena bakarrik ematen zaio.

(d) Aukera-ahalmena baliatzea Lurraren jabeak egikaritu behar du bere ahalmena.
- **Modua** Esanbidez baliatzen bada, ez dago zalantzarik. Baina isilbidez ere balia daitekeela kontuan izan behar da: esate baterako, obra-egilea ateraraztcko deamnda jartzenbada, obrarekin geratu eta bere balioa ordaintzeko aukera egin da.
- **Epea** Ahalmena baliatzeko eperik ez dago aurreikusia. Hasteko, analogiaz KZeko 1965. artikulua aplikatu daiteke; gero, obra-egileak epaileari eska diezaioke ahalmena egikaritzeko epe bat jartzea.

(e) Amaiak obra bereganatzea Lursailaren gaineko edukitza berreskuratu dezake, obraren gaineko jabetza-eskubidea eskuratuz, baina legez ezarritako ordaina emateko zorra izango du (ordaintzeko obligazioan, zorduna izango da).

(f) Amaiak kreditu-eskubidea bereganatzea Bigarren aukera da jabetza-eskubidea ematea eraikitakoaren jabeari eta, eskualdatze horren truk, lursailaren prezioa ordaintzeko obligazioan kreditu-eskubidearen titular (hartzekodun) bihurtzea.

(g) Diru-ordaina Lehenengo aukeraren arabera ordaindu beharrekoa obraren balioak zehaztuko du; bigarrenean, berriz, lursailaren balioak. Baina, azken kasu horretan, zalantza hau sortzen da: lursail osoaren balioa edo okupatutako zatiarena bakarrik zehaztu behar da? Eta ordain horretaz gain, sortutako kalteen ordaina eska al daiteke? Jurisprudentzian interpretazio hau egiten da (besteak beste, AGE 2008.02.12, ROJ STS 1492/2008):
- **Lursaila** Okupatutako lursailaren balioa (*valor del terreno ocupado, menoscabo patrimonial que representa la porción ocupada*).

- **Kaltea** Kalteen ordaina eskatzeko aurreikuspenik ez da egiten eta, beraz, besterik ezin du eskatu jabeak («*no otorga derecho al "dominus soli" para reclamar ningún daño originado por la construcción de buena fe por tercero en su terreno*»). Fede ona baldin badago (elementu subjektiboa) eta kalteak egon arren (elementu objketiboa), horiek ordaindu beharrik ez dago. Dena den, kalte-ordaina eska daitekeela adierazten duten epaiak ere badaude (AGE 2006.12.15, ROJ STS 7619/2006).

(h) Jabetza-eskubidea eskuratzea Kasu batean zein bestean, jadanik beste inork baduen jabetza-eskubidea eskuratzen du norbaitek. Modu eratorriz eskuratzen da beraz, ez jatorriz. Jabetza-eskuratzeko, gainera, legeak berak beste betekizun bat eskatzen du: balioa aurrez ordaintzea.

(i) Legezko salerosketa Transmisioa, izaeraz, legez sortu eta eratutako salerosketa da (*cfr*. KZ 1445). Baina salerosketa hori, kontratua al da? Kontratua osatzeko elementuen artean adostasuna dago, eta kasuan alderdien arteko adostasunik ez da eman; beraz, ez dago kontraturik. Kontratuen bidez eskubide erreala eskuratzeko, tradizioa edo entrega eskatzen da (KZ 609); baina legezkoetan ez beti. Kasuan, aukera-ahalmena baliatzen den momentuan, entregatzeko obligazioa sortu eta jabetza-transmititu dela ulertu behar da, legez eta ez tradizioz. Beste kontu bat da, gero, ordaintzeko obligazioa ez badu betetzen obraren jabeak: orduan, transmisioa suntsiarazteko aukerik ba al du lurraren jabeak? Obligazio biak, izaeraz, elkarkariak dira eta, ondorioz, suntsiarazpenari buruzko erregela aplika daiteke (KZ 1124).

IV. EBALUATZEN

Ikasleari jarraikako ebaluaketa egiteko kontuan hartzen diren elementuak.

Klasea

Joatea eta **parte hartzea**. Horiekin batera, klasean izandako jarrera orokorra ere kontuan hartuko da: **heldutasuna** eta **errespetua**.

Lanak

Lan-mota, **azalpena** (argitasuna, lasaitasuna), **eskema**, **idatzia**, **pizarra** erabiltzea.

Muintegia edo mintegia

Heldutasuna (zertan ari den jabetzea, zalantzak esatea), **parte hartzea** (galderak, iritziak), **argumentuak** ematea, **esateko** konbentzimendua.

EBALUAZIO FITXAREN EREDUA

Argazkia	Asignatura								Ikasturtea					
	Izen-abizenak													
	Telefonoa								Herria					
	Posta elektronikoa													

ASISTENTZIA: KLASERA JOATEA (% 80a gutxienez)

Astea	1	2	3	4	5	6	7	8	9	10	11	12	13	14	15
Egutegia															

EDUKIAK: GAIAREN EDUKI TEORIKOAK MENDERATZEA

AZTERKETA	Partziala	Nota	Azkena	Nota	Errekuperazioa	Nota
Edukia						
Egitura						
Zehaztasuna						

KLASEKO AZALPENAK

Galderak	
Iritzi kritikoak	

LANAK

Nola	bakarka / talde lana
Lan mota	doktrina / kasu praktikoa, eta abar
Gaiaren ulermena	

KONPETENTZIAK: TREBAKUNTZA PROFESIONALERAKO GERTAKUNTZA

KOMUNIKAZIOA AURKEZPENA AHOZ / IDATZIZ

Ulergarria	
Zehatza	
Sistematikoa	
Baliabideak	gardenkiak, eskemak, pizarra

2. TALDE-LANA

Jarrera	
Errespetua eta modua	
Ekarpenak	

ARGUMENTAZIOA

Irizpideak eta oinarriak	
Sistematizazioa	Gaia kokatzea eta giza arazoekin lotzea
Koherentzia	

SORKUNTZA

Ekimena	Arazo berriei erantzuteko gaitasuna
Teknika	Metodoa diseinatzeko gaitasuna
Aplikazioa	Zalutasuna eta adaptabilitatea

V. LATINEKO ESAPIDEAK

ZUZENBIDE ZIBILEKO PRAKTIKAN ERABILIAK

A contrario sensu Alderantzizko zentzuan
A contrariis Aurkako arrazoiengatik
A die Egun batetik
A fortiori Indarrez, arrazoi gehigorekin
A pari Berdintasunez
A posteriori Ondoren
A priori Aurretik
A quo Harrez geroztik
A simili Antzagatik
Ab initio Hasieratik
Ab intestato Testamenturik gabe
Accesio possesionis Edukitza gehitzea
Accesorium sequitur principale Akzesorioak nagusiari jarraitzen dio
Actio in personam Akzio pertsonala
Actio in rem Akzio erreala
Ad cautelam Kautelaz
Ad diem Halak egun arte
Ad exemplum Esate baterako
Ad finem Bukaera arte
Ad hoc Helburu jakin baterako
Ad hominem Pertsonaren aurka
Ad interim Bitartean, behin-behingoz
Ad litteram Hitzez hitz
Ad quem Halako egun arte
Ad solemnitatem Irmotasunerako
Ad usum Ohituraren arabera
Ad valorem Balioaren arabera
Aequitas Ekitatea
Affectio Negoziorako asmoa
Affectio maritalis Ezkonduta baleude bezala
Alicuota Zatia
Alienare Besterendu
Alieni iuris Besteren eskubidekoa
Alterum non laedere Inor ez kaltetu
Animus Asmoa
Animus contrahendi Kontratazeko asmoa
Animus domini Jabe-asmoa
Animus iocandi Joko-asmoa

Animus solvendi Ordaintzeko asmoa
Bona fide Fede ona
Cautio Kauzioa
Concepturus Sortzekoa
Condicio deficit Baldintza bete gabea
Condicio existit Baldintza betea
Condicio pendet Baldintza indarrean
Conditio iuris Zuzenbideko baldintza
Conditio sine qua non Ezinbesteko baldintza
Consensus Adostasuna
Consuetudo Ohitura
Contra legem Legearen aurka
Cum laude Kalifikazio gorena
Dammum emergens Sortu den kaltea
De cuius (sucessione agitur) Noren oinordetzaz ari, ba hura (hildakoa)
De die in diem Etenik gabe
De facto Egitatez
De iure Zuzenbidez
De lege ferenda Ezarri behar den legea
Debitum Zorra
Dies a quo Epe-hasiera
Dies ad quem Epe-bukaera
Dominus Jabea
Emptio-venditio Salerosketa
Era omnes Guztien aurrean
Ergo Beraz
Ex aequo Meritu berdinarekin
Ex cathedra Maisuaren autoritatez
Ex iure Zuzenbidearen arabera
Ex lege Legearen arabera
Ex nunc Hemendik aurrera
Ex post Halakoaz geroztik
Ex post facto Egin eta gero
Ex profeso Apropos
Ex tempore Garaiz kanpo
Ex tunc Harrez geroztik
Exempli gratia Adibidez
Extra petita Eskatutakotik kanpo
Favor debitoris Zordunaren alde
Favor testamenti Testamentuaren alde
Grosso modo Ezaugarri orokorrekin
Ibidem Hor bertan
Idem Berbera

Igitur Ondorioz
In claris non fit interpretatio Argi badago, ez da interpretaziorik behar
In extremis Azken momentuan
In fine Bukaeran
In re Gauzaren gain
In rem Gauzaren aurka
In situ Lekuan bertan
In solidum Osorik
In solutum Ordainketan
In statu quo Egoera berdinean
In vitro Laborategian
In voce Hitzez
Infra Behean
Inter vivos Bizidunen artean
Interim Bitartean
Intuitu personae Pertsonaren arabera
Ipso facto Momentuan, berehala
Ipso iure Zuzenbidearen aginduz
Item Gainera
Iura in re aliena Eskubidea besteren gauzaren gain
Iura novit curia Auzitegiak zuzenbidea badaki
Iuris et de iure Zuzenbidez eta eskubidez
Iuris tantum Zuzenbidez bakarrik
Ius cogens Derrigorrezko zuzenbidea
Ius dispositivum Xedapenezko zuzenbidea
Ius in re Eskubidea gauzaren gain
Lato sensu Esanahi zabalean
Lex ferenda Egingo den legea
Lex lata Egindako legea
Lucrum cessans Irabazi zitekeena
Litteratim Hitzez hitz
Mala fides Fede gaiztoa
Manu longa Esku luzearekin
Manu militari Indarrez
Memorandum Gogoratu beharrekoa
Mora Berandutza, atzerapena
Mortis causa Heriotzagatik
Motu propio Berezko borondatez
Mutatis mutandis Aldatu beharrekoa aldatuz
Nasciturus Jaiotzekoa
Natus Jaioa
Nomen iuris Zuzenbideko izena
Non natus Jaio gabea

Non plus lutra Ez haratago
Nullius Inorena ez
Numerus clausus Zenbateko itxia
Obiter dicta Adierazpenak gain-gainetik
Onus Karga, zama
Onus probandi Frogatzeko karga
Ope legis Legearen aginduz
Opus citatus Aipatutako obra
Pact sunt servanda Itunak bete egin behar dira
Peculium Ondarea
Per analogiam Analogiaz
Per capita Pertsonako
Per se Berez
Post data Data ondoren
Post facto Egitatearen ondoren
Post mortem Hil ondoren
Post scrptum Idatzitakoaren ondoren
Prima facie Lehen begiradan
Prior tempore, potior iure Lehena denboran eskubide hobeagoa
Pro forma Formaz
Pro indiviso Zatitu gabe
Propter nuptias Ezkontzeagatik
Propter rem Gauzaren bidez
Quaestio iuris Zuzenbideko arazoa
Quid pro quo Gauza bat bestearengatik
Quorum Zeinak beharrezkoak diren
Ratio decidendi Erabakitzako arrazoia
Ratio iuris Zuzenbideko arrazoia
Ratio legis Arauzko arrazoia
Ratio legislatoris Legegilearen arrazoia
Ratio scripta Idatzitako arrazoia (txostena)
Ratione materiae Gaiaren arabera
Rebus sic stantibus Gauzak horrela daudela
Relicto Utzi edo geratu den ondasuntza
Res Gauzak
Res communis Gauza komuna
Res derelicta Abandonatutako gauza
Res nullius Inorena ez den gauza
Res omnium Guztion gauza
Sensu lato Esanahi zabalean
Sensu stricto Esanahi hertsian
Sic Honela, modu horretan
Sine die Datarik gabe

Mikel Mari KARRERA EGIALDE

Solutio Ordaintzea
Solvens Ordaintzailea
Statu quo Dagoen egoeran
Status Egoera
Stipulatio Ituna
Sui generis Bakarra, berezia
Sui iuris Gaitasun juridikoa baduena
Superstite Bizirik darraiena
Supra Goian
Traditio Entregatzea
Universitas personarum Pertsonen elkartea
Universitas rerum Ondasun-multzoa
Ut infra Behean bezala
Ut singuli Bereziki honi buruz
Ut supra Goian bezala
Vacatio legis Legea indarrean jarri arte
Verbi gratia Adibidez
Versus Norantz
Vide Ikusi
Vis Indarra
Vis a vis Zerbaitekin erlazioan
Vox Ahozko adierazpena
Vox populi Jendartean ezaguna

135

VI. TESTUA ZUZENTZEKO

Letra aldatu   Zabaldu gaur goizean etxeko atea eta belar-
Letra gehitu   ziri lodi eta txit berde bat aurkitu dut
Letra kendu   sarrailaren ondoan trabeska. Eskuak buruak
Hitza aldatu   baino azkarrago ~~hantatzen~~ dakienez, behatzekin ibiltzen
Hitzen transposizioa   heldu diot ari zertan hintzen ere pentsatu gabe,
Lerroen   berdeak kako baten forma hartu duen.
transposizioa   eta hor non, ukitu orduko, belar-ziri lodi eta txit
Lerroak segidan   Atzera egin du orduan Eskuak, eta Buruari egin dio toki.
Hitza kendu   "Zer belar arraro a!", adierazi du ~~zera~~ Buruak.
Hitza gehitu   Eskua mesfidati aurreratu da, eta zain berriro,
Hitzak banandu   geratu da belar-ziri berde okertuaren parean.
Letren transposizioa   "Kontuz ibili", adierazi dio Buruak.
Silabak lotu   Tarte batez gelditu egin da dena etxeko atean,
Minuskula   eta estanpa Moduko bat osatu dugu nik,
Maiuskula   Eskuak, buruak eta ateko belar-ziri txit berde
Bertsalita   eta kako formakoak. Baina kliskatu ditut begiak
Etzana   hiru aldiz, begiratu dut hirugarren aldiaren
Borobila   ondoren aterantz, eta belar-ziri lodi eta txit
Lodia   berdeak ez zeukan okerduratik. Lehengoa zen
Lerroaldea   berriro. "Zomorro bat izango da agian", esan
     du Buruak, bere ospeari ohore egin eta denoi
     aurrea hartuz. "Holako handia?", galdetu dio
     apalki Eskuak haren neurria bi behatzekin
     hartuz.

Deiak egiteko ereduak		
⌽ ⌀ ⌈ ⌋ φ ⌰ T ⊥ ⊢ ⊣ ᵮ ⊥ π ⊥ ⊢⊣	ⵁ Kendu ⌐⌙ Transposizioa ⌀ Hutsunea ∾ Transposizioa	☰ Maiuskula — Etzana ∿∿∿ Lodia ⌐_ Lerroaldea

VII. GRADU AMAIERAKO LANA

I. Lan-kronograma egitea

Lana garaiz eta ondo gauzatzeko, **zeregin** hauek hurrenkeran burutzeko kronograma egitea beharrezkoa da:

(1) Gai zehatz bat *aukeratu* eta hasierako lehen izenburu bat jarri.

(2) Gaiari buruzko iturri egokiak bildu, hau da, dokumentazioa eta informazioa *lortu* eta eskuratu.

(3) Bildutako informazio guztia aztertu eta txukun *ordenatu*.

(4) Eskuratu eta txukundutako informazioa aurrean izanik, lana idazten hasteko lehen *egitura* pentsatu eta erabaki.

(5) Egindako hausnarketekin lehen *zirriborroa* idatzi eta entregatu.

(6) Eduki materiala eta aurkezteko forma bereziki landuz, *behin betiko* testua osatu eta orraztu.

(7) Lanaren *defentsa*-ekitaldia prestatu.

II. Gaia aukeratzea

Lanak, noski, zuzenbidearekin zerikusirik baduen gai bat jorratu behar du. Behin zuzenbideko eremua erabaki ostean, gero alor horretako gai jakin bati ekin behar zaio, besteak beste honako irizpide hauen inguruan gogoeta labur bat egin ostean bederen:

(1) Gradu amaierako lanak eskatzen duen ardura eta dedikazioarekin bat etorri behar du gaiak. Horregatik, tituluak ez du eremu oso zabala hartu edota oso berezitua izan behar.

(2) Behin zehaztutako eremua aztertzen hasteko, alor horretara bertaratzeko modua erabaki behar da aztertzeko eraren ikuspegitik: teorikoa *versus* praktikoa; orokorra *versus* monografikoa; deskribatzailea *versus* analitikoa. Hala eta guztiz ere, ikuspegi guztiak modu batera edo bestera elkar daitezke, edo gehiago edo gutxiago presente egon.

(3) Graduatzera doanak berak erabaki behar du jakintza-eremuko zein arazori ekin nahi dion, eta erabaki hori hartzeko komeni da gai horretan, ahal den neurrian behintzat, interes pertsonala izatea edo profesio gisa hartu nahi den zerbaitekin erlazioa izatea.

III. Informazioaren iturriak: gutxienez begiratu eta erabili beharreko materiala

Analisi juridikoa jasotzen duen ezein lan egiteko, sinpleena bada ere, beharrezkoa da besteen jakintza biltzen duen iturrietara joatea, izan ere normalena da jadanik gaiari buruzko informazio asko egotea, hala nola araudia, epaileen erabakiak, legelarien iritziak, azterketa osoak edo partzialak, datu estatistikoak, formularioak, eta abar.

Oinarrian eta laburbilduz, jakintza-iturriak bi dira, esanahi zabalean ulertuz: legedia (arau-testuak) eta doktrina (interpretazioak, azterketak eta iritziak). Hau da, alde batetik gaia arautzen duen legezko eta erregelamenduzko arauak, eta bestetik doktrina legala (jurisprudentzia), ofiziala (administratiboa) eta zientifikoa (egileena).

(1) Legedia

Zuzenbidean aritzeko, ezinbestekoa da aukeratutako gaia erregulatzen duten arauak erabiltzea eta aipatzea, lege-mailakoak izan, erregelamenduak izan edo, zenbait kasutan, barne-antolaketari buruzko administraziozkoak izan (zirkularrak, instrukzioak, ebazpenak).

Komeni da gogora ekartzea eta errespetatzea legedia zehazteari eta erabiltzeari buruzko **erregela** nagusienak:
(a) Zehazteko garaian:
- Arau-xedapenen hierarkia.
- Estatuaren eta Autonomia Erkidegoen artean dagoen eskuduntza banaketa.
- Nazioarteko zuzenbidearen arauak aplikatu beharra, bereziki Europar Batasunekoak.
(b) Erabiltzeko orduan:
- Arauak indarrean sartzeari eta aldatzeari buruzko erregelak.
- Aldi baterako zuzenbidea.
- Interpretazioari buruzko erregelak.
- Legeen zio-adierazpena, halakorik baldun badu legeak.
(c) Hobekuntzak proposatzeko:
- Aurrekari historikoak: egun indarrean den idazkera nola osatu den ulertzeko, aurrez zein irtenbide ematen ziren ikusteko, eta, agian, interpretazio-irizpide gisa erabiltzeko.
- Legedi konparatua, beste zuzenbideko sistemetan zer nolako erantzuna ematen den argitzeko.
- Bereizketa hau: *lege data* (araua indarrean dagoen modua) eta *lege ferenda* (araua gure iritziz idatzi beharko litzatekeen modua).

Gaur egun, legedia **bilatzea** ez da zeregin zaila, nahiko samurra baizik, Buletin Ofizial desberdinek (Europar Batasunekoak, Estatukoak eta Autonomia Erkidegokoek) datu-baseak eratuta baitituzte bilaketa errazteko; antzera, administrazioko hainbat erakundeetako Buletinetan.

Araua hitzez hitz **aipatzeko**, letra etzanean eta kakotx artean eman behar da. Esate baterako: «*Lege edo foru-ohitura aplikagarririk izan ezean, ordezko moduan aplikatuko dira Kode Zibila eta indarrean dauden gainerako xedapen orokorrak*» (EZZL 3.1). Kontuan izan ere, aipatutako araua jasotzen duen legea ere beti adierazi behar dela.

(2) Doktrina legala (jurisprudentzia)

Zuzenbideko ikasleek ondo dakitenez, jurisprudentzia ez da zuzenbidearen iturria eta ordenamendu juridikoa osatzen du (KZ 3.6). Hertsiki eta tradizionalki, Auzitegi Gorenak kasazio-helegiteak ebatziz emandako doktrinari deritzo jurisprudentzia. Hala eta guztiz ere, beste zenbait auzitegiek emandako doktrinari ere horrela deitzen zaio eta bereziki Konstituzio Auzitegiak emandakoari. Maila apalagoko auzitegiek emandakoari berriz jurisprudentzi xehea (*jurisprudencia menor*) ere deitzen zaio.

Dena den, ezein organo jurisdikzionalak emandako interpretazioak eta iritziak balio berezia dute, justiziaren eta esperientziaren ikuspegitik erabakitako arazoei aurre egiten dien legelari espezializatua baita ebazpena eman duena; are gehiago auzitegi gorenetara iristen ez diren arazoei buruzko erabakiak baldin badira.

Legediaren kasuan bezala, epaiak **bilatzea** ere oso lan erraza da gaur egun, bereziki CGPJak CENDOJ izeneko datu-basea abian jarriz geroztik. Konstituzio Auzitegiaren jurisprudentzia bere web orrian topatu eta kontsulta daiteke; bere aldetik, Europar Batasuneko Justizia Auzitegiarena, CURIA izeneko web orrian.

Epai bat aipatzeko, eman duen organoa zein den adierazi behar da eta bere erreferentzia ofiziala (zenbakia edo data); gainera, topatu den lekua edo modua: AGE 2014.12.04 (ROJ STS 4866/2014). Adierazpen edo esapide doktrinala kakotx artean eman behar da: «*La moderación se prevé en dicho artículo (art. 1154 CC) para el caso de incumplimiento parcial de la obligación de pago del precio y en el presente caso ha incurrido la compradora recurrente en el incumplimiento exactamente previsto en la cláusula penal, consistente en el pago de la 'totalidad' y efectivamente no ha cumplido en su totalidad el pago: es el supuesto previsto*».

(3) Doktrina ofiziala edo administratiboa

Administrazioko hainbat organok ere irizpideak ezartzen dituzte arauen interpretazioa egin eta aplikatzeko orduan. Esate baterako, alor zibilean Erregistro eta Notariotzako Zuzendaritza Orokorrak, edo ogasunaren alorrean Tributu Agentziak.

Epaiak ematen diren modu berdinean aipatu behar dira.

(4) Doktrina zientifikoa

Botere publikoaren barruan lan egiten duten pertsonen erantzukizun publikoaz gain, edozein arazo juridikoari buruzko iritziak eman eta argitaratu ditzake edonork. Askatasun intelektual horren arabera, alor juridikoan diharduten legelariek, bereziki esparru akademikoan (irakasleak, ikertzaileak) eta epaitegietan (abokatuak, epaileak, fiskalak) aritzen direnek, analisi juridikoak jasotzen dituzten lanak ere gauzatzen dituzte. Egile horiek, analisi juridikoak burutzeko erakutsi duten zorroztasunaren arabera jasotzen dute beste legelarien aitorpena edo autoritate errekonozimendua.

Zuzenbideko gradua amaitzeko lana egiteko orduan, ezinbestekoa suertatzen da gutxieneko material bibliografikoa erabiltzea:

(a) Alorreko eskuliburu nagusienak.

(b) Legeei egindako komentario eta iruzkinak.
(c) Gaiari buruzko monografiak, bat bederen eguneratua.
(d) Aldizkarietako artikuluak, bi gutxienez.

Erabilitako bibliografia esanbidez aipatu behar da eta, bere kasuan, aipamen edo zita moduan kopiatu edo erreproduzitu daiteke. Zitatzeak eta emateko moduak badute helburu bat: zita hori egiaztatzeko aukera ematea irakurleari. Horregatik beti aipatu behar da egilea (bere izena eta trataerari eutsiz), eta zein dokumentutik hartu den (liburua, aldizkaria).

Zitak egiteko, Harvard sistema delakoa erabiltzen da gehien giza-zientzietan. Esate baterako, *Das Kapital* liburuko lehen edizioaren zita zuzena egiteko, hau egin genezake:

> «*In Deutschland kam also die kapitalistische Produktionsweise zur Reife, nachdem ihr antagonistischer Charakter sich in Frankreich und England schon durch geschichtliche Kämpfe geräuschvoll offenbart hatte, während das deutsche Proletariat bereits ein viel entschiedneres theoretisches Klassenbewußtsein besaß als die deutsche Bourgeoisie. Sobald eine bürgerliche Wissenschaft der politischen Ökonomie hier möglich zu werden schien, war sie daher wieder unmöglich geworden*» (MARX, 1867: 15).

Hartara, kontsultatutako obra bibliografiaren atalean kokatzeko behar den informazio nahikoa ematen du erreferentziak. Gero, erreferentzien atalean, erreferentzia osoa honela idazten da:

> MARX, Karl (1867): *Das Kapital. Kritik der politischen Oekonomie. Band 1: Der Produktionsprocess des Kapitals*, Meissner, Hamburg.

Zeharkako zita egiten bada, egilearen izena testuan bertan jasoz, nahikoa da obraren urtea parentesi artean ematea; aurreko adibidearen idazkera honela izango litzateke:

> Bere garaian MARXek azaldu zuenez (1867, 290), hasierako kapital-bilketa komertzioan agertu zen.

Material bibliografikoa **bilatzeko**, kontsultatu behar dira, gutxienez, Liburutegi Nazionaleko (www.bne.es) eta unibertsitateko katalogoak, eta Internet bidez eskura den DIALNET datu-basea.

IV. Kasua

Ahal izanez gero, lanean zehar epai bat komentatzea komenigarria da beti, zuzenbidearen aplikazio teknikoa kasu batean burutzeko, hau da, analisiaren adierazgarri da jurisprudentziako epai bat komentatuz atal bat txertatzea:

(1) Gaiari buruz Auzitegi Gorenak emandako epai baten komentarioa txertatzea bederen.

(2) Ahal den neurrian, txerta daitezke ere gaiari buruzko Auzitegi Gorenaren bi epai, irizpide desberdina aplikatzen dutenak, biak alderatuz.

Modu berean, oso komenigarria da ere errealitateko kasuak eta adibideak jartzea eta azaltzea, azken batean erakunde eta instrumentu juridikoak zuzen erabiltzen badakiela erakusteko ikasleak.

V. Lana idaztea: estilo-arauak

Ez dago soberan gogoratzea gradu amaierako lana idatziz jarritako testua dela eta, horregatik, prozesatzaile informatiko batekin egin behar dela, zertarako eta formatu digitalak eskaintzen dituen edizio-aukera guztiak aprobetxatzeko. Idazkerari buruz, bi atal hauen agertzen diren arazoak aipatu behar dira:

(1) **Edizio formalari** buruzkoak:

- Letra-mota: paperean jartzeko testuentzat, «serifa» duten letra motak (*serif*) aholkatzen dira, letra bakoitzak hanka edo oinarri bat duenez, bistak errazago jarraitzen baitu lerroa. Aholkagarrienak dira Garamond 12 (inprimatzeko tinta gutxien gastatzen duena delako), edo Times New Roman 12 (liburuak argitaratzeko erabiliena delako). Aldiz, serifarik ez daukaten letra-motak (*sans serif*) gehiago erabiltzen dira testu digitaletan. Testu osoan, letra-mota bera eta tamaina berdinekoa erabili behar da.
- Orrien zenbakia: orri guztiak bere zenbakia izan behar du, aurkibidearekin bat datorrena.
- Orrien oina: testuaren aparatu kritikoa (erreferentzia bibliografikoak, argumentu osagarriak, bat datozen arauen erreferentziak, eta abar) zenbakiekin adierazita eman behar da (zenbaki arabiarrekin), ez ordea lanaren azken atalean, bibliografia topatzeko eta irakurketa errazteko egokiagoa baita informazioa orrian bertan ematea.
- Hitz jakinak edo esaldiak nabarmenarazteko, letra **beltza** edo *etzana* erabili behar dira, eta aparteko kasuetan bakarrik azpimarra, azken horrek testua "zikindu" eta irakurketa oztopatzen duelako.
- Lerroalde bakoitza besteetatik ondo bereizi behar da. Horretarako, lehen lerroan koska bat utzi behar da (lerroaldeen artean hutsunerik utzi gabe), edo hutsune bat utzi hurrengo lerroaldea hasi aurretik.

(2) **Idazkera materialari** buruz:

- Testuko azalpenak modu argian eta gaian aditua ez den batek ulertzeko hizkeran eta moduan eman behar dira.
- Esaldi korapilatsu eta zailak alboratu behar dira, eta luzeegiak ere bai.
- Ematen diren ideia eta argudioak guztiz bukatuta eta itxita utzi behar dira hurrengora pasa aurretik.
- Iritziak plural maiestatikoan eman daitezke, hau da, pluraleko lehen pertsona gisa, izan ere umiltasun zientifikoaren adierazletzat jotzen baita (besteak ere partaide egiten ditugulako).
- Hizkuntzaren gramatika eta ortografia bereziki zaindu behar dira. Horregatik Euskaltzaindiaren hiztegia eta arauak errespetatu behar dira, eta aholkuak ere jarraitu.
- Beste hizkuntza batean emandako esapide eta hitzak letra etzanean jarri behar dira testuan.
- Orobat, testu prozesatzailearen zuzentzaile ortografiko eta gramatikala beti aktibatuta eduki behar da, adierazten dituen akatsak berehala begiratzeko eta, hala bada, zuzentzeko.

Akats arruntenen artean, hauek oso ohikoak dira:
- Urtea 2018 ~~2.108~~.
- Urteko hilabeteak eta asteko egunak «minuskulaz» idatzi behar dira.
- 1255. ~~1.255.~~ artikulua.
- Siglak, punturik gabe: KZ ~~K.Z.~~
- Puntuak eta kakotxak neurriz eta egoki erabiliz gero, testua askoz ere errazago eta argiago irakurtzen da.

VI. Lanaren egitura edo eskema orokorra

Gradu amaierako lanak honako elementu hauek jaso behar ditu:

(1) **Azala**

- Logoak: unibertsitatearena eta fakultatearena.
- Zer den: "Zuzenbideko gradu-amaierako lana".
- Ikasturtea: "2014/2015".
- Izenburua: "Laburra eta argia". Irudi bat ere erabili daiteke lagungarri gisa, beti ere irudi horren jabetza intelektuala baldin badugu edo bere egilearen baimena baldin badaukagu.
- Egilea.
- Zuzendaria.
- Lekua eta data.

(2) **Edukia**

- Laburpena (*abstract*).
- Aurkibidea.
- Gaiari buruzko termino juridiko nagusien glosarioa.
- Testua (60.000 eta 120.000 karaktere artean, zuriak ere kontatuz).
- Ondorioak.
- Bibliografia.
- Araudiaren aurkibidea.
- Epaien aurkibidea.
- Eranskinak, baldin badaude (formularioak, ereduak, irudiak).

Egitura eta berau garatzeari dagokionez, honako orientabide hauek hartu behar dira kontuan:

(1) **Titulua**: laburra eta argia. Lanaren edukia aurreratzeko eta aurkezteko hainakoa bakarrik:

> *Lagundutako ugaltze-tekniken bidetik eratorritako filiazioa*

Titulu inoiz ezin da bihurtu lanaren laburpen txiki bat:

> *Lagundutako ugaltze-teknikak erabiltzen diren kasuetan Espainiako ordenamenduak eta Europako araudiak filiazioa ezartzeari buruz emandako arauen azterketa eta horiek sortzen dituzten ondorioak, zuzenbide konparatuko aipamenekin batera*

Izenburuaren bukaeran ez da punturik jarri behar.

(2) **Aurkibidea**: irakurlearentzat garrantzia berezia du aurkibideak, lanaren gida baita beretzat. Ohiko testu-prozesatzaileek, normalean, aurkibideak automatikoki txertatu eta eguneratzeko aukerak eskaintzen dituzte.

Aurkibideari dagokionez, honako hau ohartarazi behar da:
(a) Gradu amaierako lanarekin gertatzen den moduan, azterketaren luzerak hainbat orri hartzen dituenean, orrialdeak zenbatu egin behar dira.
(b) Aurkibideko atalak edo epigrafeak zenbakiekin (erromatarra edo arabiarra izan), edo letrekin bereizi behar dira.
(c) Maila berdineko epigrafeak, modu berean eman behar dira (beltzean, etzanean, formatu handiagoan…).

Adibidez:

I. SARRERA
II. ERAENTZA OROKORRA
1. Lehen atala
1.1. Lehen azpiatala
1.2 Bigarren azpiatala
2. Bigarren atala
2.1. Lehen azpiatala
2.2. Bigarren azpiatala
III. ERAENTZA BEREZIAK
1. Lehen atala
1.1. Lehen azpiatala
1.2 Bigarren azpiatala
2. Bigarren atala
2.1. Lehen azpiatala
2.2. Bigarren azpiatala
IV. ONDORIOAK
V. BIBLIOGRAFIA

(3) **Sarrera**, berriz, lana bukatutakoan, edo eduki osoa begi-bistan behintzat izan ondoren, idaztea komeni da. Hain zuzen ere, sarrera da lanari buruzko lehen inpresioa erakusten duen testua, hala edukiari nola formari buruz. Lehen inpresio horrek, lanaren aurrean izango den hasierako jarrera abiarazten du eta, erabakigarria ez bada ere, irakurleak hasieratik jarrera positiboa eta interesatua izateak, irakurtzeko grina areagotu eta lanaren aldeko jarrera izatea bideratzen du. Horregatik, norbaiti helarazi nahi zaion gaiari buruz sarrera on bat egiteko abilezia, komunikazioa modu eraginkorrean bideratzeko tresna ezin hobea eta garrantzitsua bihurtzen da; lan horretan, oso egokia izaten da errealitateko adibideak jartzea edo irakurleari oso gertukoak suerta lekizkiokeen kasuak azaltzea, hor islatzen baita lanaren zergatia eta interesa.

(4) Bere aldetik, **ondorioak** lana ixteko eman behar dira beti, irakurritakoari probetxua atera diezaion irakurleak. Garatutako ideia nagusienen bilketa dira ondorioak, beti ere modu labur eta argian azalduta. Normalean, komeni izaten da zenba-

tzea, lanaren zehar aztertu eta eztabaidatutako arazoei erantzuna emateko banan-banan. Ondorioez gain, iritziak eta ideia kritikoak jasotzen badira, orduan beste modu honetan izenda daiteke atala: azken iruzkinak, iruzkin kritikoak, iritzi pertsonalak, eta abar.

(5) Azkenik, **bibliografia**-atalak kontsultatu eta, beti, aipatutako liburu eta aldizkarietako artikulu guztiak jaso behar ditu:

(a) Liburua aipatzeko: ABIZENA 1 ABIZENA 2, Izena (urtea): *Liburuaren izenburua*, Argitaletxea, Hiria.

(b) Aldizkariko artikulua aipatzeko: ABIZENA 1 ABIZENA 2, Izena (urtea): "Artikuluaren izenburua", *Aldizkaria*, zenbakia, orriak.

Metodologiari buruzko laguntza bilatzeko irakurketak

Liburuak

CRIADO SÁNCHEZ, Alejandro Javier (2013): *Cómo hacer una tesis doctoral con los planes de Bolonia*, Praxis, Madril.

GONZÁLEZ-MENESES, Manuel (2007): *Cómo hacer dictámenes. Ensayo sobre la formación del jurista del Notario*, Colegio Notarial de Madrid, Madrid.

FONDEVILA GASCÓN, Joan Francesc; OLMO ARRIAGA, José Luis del (2013): *El trabajo de fin de grado en Ciencias Sociales y Jurídicas: guía metodológica*, Ediciones Internacionales Universitarias, Madrid.

RIVERA CAMINO, Jaime (2014): *Cómo escribir y publicar una tesis doctoral*, ESIC, Pozuelo de Alarcón (Madrid), 2. ed.

VIGIL DE QUIÑONES OTERO, Diego (2014): *Breves consejos para estudiar derecho con éxito*, Visión Libros, Madrid, 2. ed.

Tutoriala Interneten (Universitat Pompeu Fabra)
http://tutorialsbibtic.upf.edu/treball

VIII. IRAKURKETA AHOLKATUAK

CARDOZO, Benjamin Nathan (1921): *The nature of the judicial process (The Storrs Lectures Delivered at Yale University)*, Yale University Press, New Haven (Connecticut). Itzulpena: (1955) *La naturaleza de la función judicial*, Ed. Arayú, Buenos Aires (itzultzailea Eduard PONSSA); (2004) itzulpenaren berredizioa, Ed. Comares, Granada.

DUGUIT, Léon (1975): *Las transformaciones del Derecho (público y privado)*, Ed. Heliasta, Buenos Aires (itzultzailea Carlos G. POSADA).

DWORKIN, Ronald (1977): *Taking Rights Seriously*, Harvard; *Los derechos en serio*, Ed. Ariel, Bartzelona, 1984 (itzultzailea Marta GUASTAVINO).

HERNÁNDEZ GIL, Antonio (1981): *La ciencia jurídica tradicional y su transformación*, Ed. Civitas, Madril.

HOHFELD, Wesley Newcomb (1913): "Some fundamental legal conceptions as aplied to juidical reasoning I", *Yale Law Journal*, 23. zb., 16. orr. Itzulpena: (1968) *Conceptos jurídicos fundamentales*, Centro Editor de América Latina, Buenos Aires (itzultzailea Genaro CARRIÓ); (1991) Ed. Fontamara, Mexiko.
- (1917): "Some fundamental legal conceptions as aplied to juidical reasoning II", *Yale Law Journal*, 26. zb., 710. orr.

HOLMES, Oliver Wendell jr. (1897): "The path of the law", *Harvard Law Review*, 10. zb., 457-478. orr. Itzulpena (1975): *La senda del Derecho*, Ed. Abeledo-Perrot, Buenos Aires.
- (2006): *Los votos discrepantes del juez O.W. Holmes*, Ed. Iustel, Madril (itzultzailea César ARJONA SEBASTIÀ).

Puig Brutau, José (1952): *La Jurisprudencia como fuente del Derecho: interpretación creadora y arbitrio judicial*, Ed. Bosch, Bartzelona.
- (2006): *La Jurisprudencia como fuente del Derecho: interpretación creadora y arbitrio judicial (con estudios introductorios)*, Ed. Bosch, Bartzelona.

«Garamond» letra
erabiliz inprimatua

UPV/EHU - 2018

www.ingramcontent.com/pod-product-compliance
Lightning Source LLC
Chambersburg PA
CBHW062322220526
45469CB00008B/2598